"Lo que se oye se olvida, lo que se ve se recuerda, lo que se hace se aprende"

(Confucio, siglo V a. C.)

José L. Ereña Domínguez

BALONCESTO
EL TIRO A CANASTA

Agosto, 2023

INDICE

	PAG.
Introducción..	7
El tiro perfecto no existe...	9
La toma de decisiones...	11
Conocer las capacidades propias.................................	12
Concentración y relajación...	12
Confianza...	13
Tirar con rapidez..	14
Generación de la fuerza...	16
Focalizar el blanco...	18
Equilibrio..	20
Coordinación..	21
El rango de tiro..	22
Dip (Inmersión del balón).......................................	23
Set point (Punto de ajuste)....................................	26
El tiro desde distancias largas	27
El tiro desde distancias cortas.....................................	28
Turn (Giro)...	34
Sweep and sway...	37
Sumario...	40
Fases del tiro...	41
Fase de preparación..	42
Fase de elevación..	43
Fase de lanzamiento..	43
Fase de caída...	44
Análisis de las partes del tiro................................	45
El agarre del balón...	45
Agarre del balón. Pick up point	47
La posición de las manos...	49
La mano fuerte..	50
La mano de apoyo...	52
La flexión de las rodillas..	53
Los hombros..	54
La alineación..	55
El ojo dominante..	56
Descubre tu ojo dominante...	58
Liberación del balón...	58

El seguimiento del balón.. 60
El ángulo de lanzamiento... 60
Partes esenciales del tiro. Resumen...63
El tiro en el juego colectivo.. 65
Inversiones del balón... 65
Penetrar y asistir.. 66
Situación dentro-fuera... 67
Movimiento de los jugadores. Los cortes.. 68
Conceptos específicos.. 68
Recepciones, paradas y apoyos..68
Recepción del balón en un tiempo...70
Recepción del balón en el sitio.. 70
Recepción del balón en dos tiempos.. 74
Fijar el pie pivote... 75
Recepción simple en dos tempos... 76
Parada abierta en dos tiempos. Side step...78
Parada abierta con paso 0.. 80
Parada "step back" con paso 0...81
Entrenamiento.. 82
No existen dos tiradores iguales.. 84
Entrenar con buena técnica.. 84
Intensidad...89
Compromiso... 90
Objetivos de mejora... 91
Correcciones... 92
Biomecánica deportiva..93
El ciclo de estiramiento-acortamiento... 95
Mecánica de aceleración.. 97
La coordinación... 97
Coordinaciones segmentarias...98
El esquema corporal y la visualización mental........................99
Deporte de alta competición..103
El conocimiento del juego... 103
Las capacidades 104
Las habilidades psicológicas y las actitudes..104
La memoria del músculo..105
Cómo aprenden nuestros músculos..107
La importancia de la memoria muscular..107

EL TIRO A CANASTA

Introducción

El tiro en suspensión es el lanzamiento a canasta más usado en el baloncesto y exige una buena coordinación de movimientos. Se efectúa en el transcurso de un salto vertical que se realiza para elevar la posición por encima del adversario, para armar el tiro con el mejor equilibrio después de un desplazamiento y para realizar un lanzamiento cómodo sustentado por la generación de fuerzas producidas en el salto.

En el baloncesto actual el tirador se enfrenta al problema de la cada vez mayor eficacia defensiva consecuencia de la evolución de las habilidades y de la mejora de las prestaciones físicas. Uno de los problemas de los jugadores es sacar el lanzamiento contra defensores cada vez más rápidos y atléticos. Los tiradores generalmente dependen de su habilidad para lanzar a canasta, pero cuando hay un defensor agresivo y rápido tienen problemas. En el baloncesto actual se consiguen difícilmente pequeñas ventajas de tiempo frente a esta realidad.

El problema al cual se enfrenta el tirador es desarrollar un lanzamiento rápido, pre-programado, una habilidad completa (habilidad con un principio específico y un objetivo final) totalmente automatizada. Si el tirador tiene que mover las manos para situar el balón adecuadamente, es lento con sus pies, cambia su equilibrio o tiene que localizar la canasta con sus ojos, no podrá tirar.

La utilidad de cualquier destreza depende de dos componentes básicos:

- La oportunidad de la decisión.
- La velocidad de acción.

El entrenador debe proveer al jugador del conocimiento técnico; después es el jugador quien debe practicarlo.

La técnica del tiro requiere un entrenamiento abundante. La forma de mejorar la técnica del tiro es el auto-entrenamiento. El tiro se mejora fuera de los entrenamientos de equipo. En el entrenamiento de equipo el jugador puede jugar bajo presión, puede aprender a tomar decisiones, pero la mecánica del tiro y la repetición para hacer los tiros mecánicamente se consigue con un volumen de práctica solo posible fuera del entreno en grupo.

Cuando los jugadores han adquirido el hábito correcto, se puede ejercitar de forma competitiva sobre todo para romper la monotonía del entreno. Pero es mejor contar el porcentaje de aciertos en los lanzamientos y reconocer el rango del tiro. No basta con hacer 100 tiros o durante determinado tiempo. Es mejor contar los tiros lanzados y los convertidos.

Antes de describir la técnica del tiro a canasta sugerimos la importancia de adaptarlo al estilo característico de cada jugador que, si bien se debe tener cierta flexibilidad en la ejecución de los fundamentos, entraña un riesgo: el posible exceso del componente autodidacta. El baloncesto es un deporte vivo con constantes avances técnicos adaptados a unos condicionantes cada vez más exigentes.

El entrenamiento del tiro necesita de un proceso reglado, del entrenamiento de las partes del modelo de tiro según su especialización y del dominio de la estructura cinética y espacial. Es importante la ayuda de un entrenador experimentado que aporte al jugador el conocimiento técnico adaptándolo a sus características particulares.

La comodidad es la clave. El jugador debe encontrar la comodidad en la ejecución del tiro. Para ampliar el rango del tiro (con buen rendimiento) el jugador deberá modificar la técnica aplicando el modelo con el que se sienta cómodo.

"El jugador necesita una gran concentración, constancia y disciplina si desea obtener una mejora notable en su técnica de tiro"

La técnica ha cambiado en los últimos decenios, en parte debido a la mejora de las capacidades físicas y a la permanente innovación técnica de los jugadores. El desarrollo de los sistemas defensivos y la mejora de las prestaciones físicas de los jugadores hacen difícil lograr buenas posiciones de tiro. Mejorar la efectividad en el lanzamiento a canasta es una condición fundamental de los baloncestistas.

En el baloncesto, el objetivo del equipo en su fase ofensiva es la rentabilidad del balón en cada posesión. Para conseguir un buen tiro hay que trabajar muy duro en la mejora de los fundamentos y en la adecuación táctica de su utilización. Se define como *"selección del tiro"*. La definición *"selección del tiro"* hace referencia al aspecto táctico y al técnico:

- Lo táctico hace referencia a la conveniencia en tiempo y espacio: adecuación del tiro al momento del partido y a la situación del marcador, posición del defensor, de los compañeros, posibilidades de rebote, etc.
- En el aspecto técnico: mecánica propiamente dicha, modelo de tiro, diferentes paradas para tirar a canasta, etc.

"A través de las partes se consigue la esencia del todo"

El tiro perfecto no existe. El jugador debe trabajar el tiro para mejorar continuamente. Pero debe saber que la perfección no existe. Si existiera el tiro perfecto todos los buenos jugadores tirarían a canasta de igual forma.

En la fase de inicio (*"dip"*) no es importante alinear balón, codo y hombro en dirección a la canasta. No es necesario, por incómodo y fuera de la lógica biomecánica que el codo inicie el lanzamiento tratando de alinear el balón con el hombro cuando la línea de puntería está en el ojo dominante, fuera de la línea del hombro.

El jugador deberá controlar la elevación del brazo para que coincidan línea de ojo y balón en el momento de su expulsión hacia canasta.

Para armar el tiro en situaciones de balón vivo, el centro del cuerpo, a la altura de las caderas, es el punto de encuentro de todos los posibles acercamientos del balón, cualquiera que sea el punto de origen. De igual forma, en los tiros estáticos (tiros libres) el balón inicia el lanzamiento con el balón en posición central. Las antiguas normas de alineación del hombro, codo y balón con respecto a la canasta no tenían en cuenta la biomecánica.

En tiros desde distancias alejadas de la canasta conviene modificar las alineaciones de los segmentos. Para un mejor rendimiento de los tiros desde largas distancias se aconseja aplicar un *"set point"* bajo o la técnica *"Sweep and Sway"* que se explica más adelante.

Cada jugador deberá saber los principios que regulan la idoneidad del tiro que se adapte a sus características.

Además, el aprendizaje no se puede medir de forma directa, sino que es inferido a través de la observación de la conducta. El aprendizaje motor implica tanto la adquisición como la modificación de movimientos y requiere la intención de realizar la tarea, la práctica, la percepción motora del propio individuo y la retroalimentación.

En este mismo sentido, además de la percepción de las acciones motrices propias, es importante que el jugador reconozca que el balón sale de las manos dando vueltas, no que el balón se enceste; eso es secundario. Deberá conocer la adecuación de los segmentos implicados (visualizar su esquema corporal) y cómo sale el balón de sus manos (giros del balón y arco)

La velocidad del lanzamiento se inicia en los apoyos de los pies, en la flexión al recibir el balón y en la extensión segmentaria. Un jugador es rápido en el lanzamiento no porque retire las manos rápidamente sino por la economía de sus movimientos.

La técnica se debe acomodar a cada individuo. No hay dos tiradores iguales. Es lo que llamamos *"estilo"*. El buen tirador es el que ha adaptado el tiro a las características particulares de cada jugador.

El entrenador debería ofrecer diversos modelos para que el jugador encuentre la técnica que se adapte mejor a sus capacidades físicas, motrices y cognitivas. Si a un jugador le funciona bien el tiro no tiene sentido cambiarlo. El problema a resolver es poder efectuar tiros eficaces con rango cada vez más alejado de la canasta.

Para ampliar con eficacia el rango del tiro el jugador posiblemente deberá modificar la técnica. Siempre que el codo apunte hacia canasta y el jugador se sienta cómodo, no importa cómo dispare. La comodidad es la clave. El jugador debe encontrar la comodidad con el modelo de tiro que elija, facilitando la alineación sin tensión al meter el codo debajo del balón.

Los principios esenciales que el buen tirador debe tener desarrollados son:

La toma de decisiones. Si nosotros, entrenadores, queremos que los jugadores sean autónomos deben ser capaces de tomar iniciativas, de tomar decisiones. Un jugador es mejor si tiene confianza. A menudo, la sensación de competencia propia está sesgada por las experiencias vividas, porque en un momento determinado los entrenadores no influyeron para que el jugador creyera en sí mismo o no le estimularon para seguir aprendiendo, quedando, al final, la convicción de que *"soy buen defensor, pero no me atrevo a echar el balón al suelo"* Esto depende también mucho de la capacidad que el propio jugador tenga para creer *"si hoy no soy capaz de hacerlo, puedo llegar a hacerlo"*

No vale el escenario en sí, vale el escenario de aprendizaje. El entrenador habría que preguntarse cuál es su comportamiento ante el éxito de un jugador. Hay entrenadores que ante el éxito de una acción no dicen nada. Están obsesionados en las correcciones técnicas y en los refuerzos negativos para corregir actitudes mediocres, y se olvidan de los refuerzos positivos.

Esto forma parte de nuestra cultura, de nuestra sociedad. Pensamos que el entrenador solo está para corregir el error.

No podemos estar solo en lo negativo. El ser humano necesita tener sensación de competencia si queremos que crea en sí mismo. Este es el pilar del aprendizaje: tener motivación, nivel de satisfacción, creer en uno mismo.

El jugador debe saber cuándo se debe tirar y poder hacerlo bajo presión diferencia al gran tirador del normal. La historia da muchos ejemplos de jugadores, con un físico mediocre, capaces de éxitos deportivos debidos a su determinación. La oportunidad de la decisión requiere percibir la situación (control del balón y del defensor) y seleccionar las órdenes a los músculos apropiados en la memoria de habilidades motoras practicadas (la combinación pre-construida de movimientos que quiere ejecutar desarrollada a través de la práctica), y finalmente enviar las órdenes a esos músculos. La mayoría de estas decisiones son de naturaleza cognoscitiva, aunque en pequeña porción es motriz. Si el jugador no construye sus habilidades de lanzador y las automatiza tendrá un programa motor lento e ineficaz.

Conocer las capacidades propias. Entrenar y utilizar el tiro en las mejores condiciones. El secreto de un buen entrenamiento no es las horas invertidas sino la concentración y el trabajo exigente. Debe saber cuándo puede tirar.

No tirar cuando se tiene buena posición es tan malo como tirar inadecuadamente. Debe estar seguro que ningún compañero está desmarcado y en mejor posición de tiro. También debe saber las posiciones de rebote ofensivo de sus compañeros de equipo. El reconocimiento de las capacidades es el primer paso para la especialización.

Concentración y relajación. Concentración es fijar la atención en el trabajo actual y es característico del buen jugador.

Con la práctica continua, los buenos tiradores desarrollan su concentración hasta el punto de evitar toda distracción. Concentración en cada tiro de los entrenamientos y de los partidos.

El jugador debería tener sólo un pensamiento en su mente y es el de meter la canasta. La capacidad de relajación se relaciona con la concentración.

Concentración en el aro. Mirar el balón si se va al rebote o en las etapas formativas para saber si da vueltas. Un tirador que no mira todo el tiempo la diana es normal que falle el tiro. El buen tirador se acerca a la línea de tiros libres con el ritual de ajustar los pies al borde de la línea y de botar el balón (casi siempre un número idéntico), sus ojos se abren de par en par en dirección a la canasta, la concentración es tan intensa que no le perturba las presiones de la muchedumbre o de la situación del partido. A esto se le llama "*rutina*".

Confianza. Para ser un buen tirador, el jugador debe tener confianza en su habilidad. Es la "certeza" de que el balón caerá a través de la canasta. Para ser un buen tirador, el jugador debe tener confianza en su habilidad.

Un buen jugador de baloncesto debe tener la capacidad de recuperar su nivel de competencia después de varios intentos de enceste fracasados.

Hay diversas razones por las que un jugador puede carecer de confianza cuando tiene la oportunidad de tirar. Puede estar desequilibrado, puede haberse descentrado por una falta previa o una decisión arbitral errónea. Puede estar excesivamente tensionado o cansado, o puede tener una falta momentánea de concentración. Todos los jugadores han vivido experiencias en las que nada funciona. Un fenómeno igualmente habitual es la vuelta al mejor rendimiento en el segundo tiempo del partido después de una primera mitad desafortunada.

El jugador debe de tener capacidad de recuperarse mentalmente después de un período de tiros desacertados.

Esta capacidad mental será posible a través del desarrollo de la autoconfianza y ésta sólo es posible con el entrenamiento.

Cuando se va ganando de poco y el equipo adversario va recortando el marcador, el tiro es difícil. Será buen tiro si no se piensa. Para no pensar se ha tenido que repetir el tiro miles de veces.

La mentalidad del tirador es que fallados varios tiros seguidos y si sigue tirando alcanzará su % habitual de entrenamiento por la ley de los grandes números.

El buen tirador es el que sabe cuál es su trabajo, el de tirador, y sigue tirando a canasta porque esa es su función, aunque haya fallado sus tiros. Cuando se sabe tirar, el jugador puede tirar como quiera, en desequilibrio o recogiendo el brazo rápidamente, pero los niños deben tirar en equilibrio, saltando desde un punto y cayendo en el mismo, y dejando el brazo y mano de lanzamiento siguiendo la estela del lanzamiento.

"El jugador es tan buen tirador como lo piensa".

Tirar con rapidez. La velocidad de la acción de tirar es esencialmente un problema motor. Un jugador es rápido en el lanzamiento no porque retire las manos rápidamente sino por la economía de movimientos. La velocidad del lanzamiento se inicia en los apoyos de los pies, en la flexión al recibir el balón y en la extensión segmentaria.

La habilidad del lanzador puede mejorarse entrenando la fuerza y practicando la técnica apropiada. Cuando se practica hasta el automatismo se mejora la rapidez de decisión y de movimientos. Es más fácil mejorar significativamente la selección del lanzamiento que el movimiento, pero los dos son importantes para realizar un tiro rápido. La rápida acción de la muñeca y el control final de las yemas de los dedos producen el giro en retroceso característico del balón. Para obtener el máximo control el balón debe salir por la punta de los dedos índice y medio.

Es muy importante que el jugador joven suelte el balón antes de llegar a la cima de su salto. Tirar más tarde dará como resultado una gran pérdida de fuerza y de velocidad. El jugador joven no debe retrasar el tiro. La especialización exige la adopción de un punto de ajuste ("set point") adecuado a sus características (ver más adelante) que deberá acometer en el transcurso de las últimas etapas formativas.

Independientemente de lo mucho que se practique el tiro, sólo es posible mejorar un pequeño porcentaje de los reflejos o de la velocidad. La historia del baloncesto ofrece muchos ejemplos de excelentes tiradores con grandes recursos técnicos, pero con un mediocre talento físico. La velocidad en armar el tiro (punto de ajuste) y la velocidad de los apoyos serán decisivos.

En el baloncesto moderno de alta competición un jugador podrá tirar a canasta sólo si se anticipa o sorprende a su defensor utilizando adecuadamente diversas técnicas de paradas con el uso de engaños (la posibilidad de tirar rápido no corresponde al aspecto motriz tanto como a la técnica de la parada), la adopción de un punto de ajuste bajo y la expulsión del balón al tiempo del salto.

La razón del mal porcentaje en el tiro a canasta no es solo la falta de práctica sino también la utilización de una técnica inadecuada.

Una cosa es entrenar el tiro a canasta y otra distinta es tirar a canasta con buena técnica, con intensidad y con un objetivo.

- No acelerar el ritmo en el lanzamiento.
- Saber cuándo tirar y ser capaz de hacerlo eficazmente bajo presión distingue al gran tirador del mediocre.
- Acomodar el tiro a las características del jugador.
- Por lo general, no se debe estar demasiado tiempo en el salto sin lanzar a canasta.
- Mantener el balón demasiado tiempo en el tiro en suspensión agarrota el lanzamiento y no se aprovecha el impulso.
- El ritmo y la coordinación en el lanzamiento son esenciales para alcanzar buenos rendimientos.

Cuando el jugador recibe el balón, debe conseguir de forma rápida una posición de amenaza que le permita tirar, pasar o driblar de forma inmediata.

- La cabeza elevada y centrada sobre el cuerpo y los ojos en el aro, pero también viendo el campo, a los compañeros de equipo, controlando al jugador interior y la defensa.
- Los hombros frente a la canasta con las rodillas dobladas y el peso repartido uniformemente. Los pies deben estar abiertos como la anchura de los hombros.
- Las manos colocadas en el balón en la posición de tiro. La mano diestra con la muñeca en extensión y la de apoyo en el lateral del balón.
- Por lo general, para un jugador diestro, mantén tu pie izquierdo como pivote.

Para el buen aprovechamiento de esta técnica debería recibir el balón dentro de su espacio de rendimiento.

Si está demasiado alejado del aro, el defensor puede alejarse, puesto que no es una amenaza en esa distancia. Habrá perdido todas las opciones puesto que no puede tirar, ni penetrar rápidamente ni pasar interior pues las líneas de pase estarán obstaculizadas por la flotación del par defensor.

Generación de la fuerza. La capacidad del tirador para controlar la trayectoria del balón y completar un tiro suave y continuo depende directamente de su capacidad para controlar y sincronizar la aceleración de las fuerzas generadas por las piernas, espalda, hombros y brazos.

El tiro en suspensión comienza con el establecimiento de un buen equilibrio seguido de un salto vertical suave y termina con el lanzamiento de manera que la liberación del balón con el contacto último de las yemas de los dedos se produce justo antes de alcanzar el punto más alto del salto.

Para transferir la fuerza generada por las piernas, en tiros cerca de la canasta, el balón se lanza al llegar a la máxima altura o justo antes de completar la acción de salto dependiendo de la madurez del jugador. Cuanto más fuerte son las piernas, mejor será el tiro en suspensión, no tanto por el salto, sino por la estabilidad. Cuanto más lejos esté el jugador de la canasta, mayor fluidez y fuerza.

Para obtener más fuerza, deberá aumentar la flexión de las rodillas. El jugador novel alcanza el límite de su tiro al llegar a una distancia de la canasta en la que empieza a forzar el tiro.

Cualquier falta de sincronización, desequilibrio o movimiento extra de la cabeza o las piernas afectará directamente al lanzamiento. El jugador deberá determinar la cantidad de fuerza producida por el brazo fuerte y la elevación necesaria para hacer un buen tiro.

Se trata básicamente de prueba y error, de modo que la repetición es importante.

- Al tirar a canasta, la fuerza proviene de las piernas. Dobla las rodillas y usa los músculos de las piernas para conseguir una elevación fácil y un lanzamiento coordinado.
- Atento a la oportunidad del rebote ofensivo.

En términos simples, cuantas más fuerzas intervienen en una misma dirección mayor es la fuerza.

Significa que es posible sincronizar los esfuerzos de las piernas, de la parte posterior del tronco, del hombro y de los músculos del brazo para levantar un peso sobre la cabeza, que con los brazos solos.

Para un jugador de baloncesto, significa que la fuerza que él puede impartir al proyectar el balón se extiende desde la posición básica y se transmite hasta el lanzamiento.

- Elevación en equilibrio.
- Posición del balón encima de la cabeza estabilizando el hombro y el codo.
- Extensión de las muñecas y de los dedos.

Puesto que la fuerza generada por un músculo es difícil de controlar, se obtienen los mejores resultados cuando todos los músculos se unen en un esfuerzo común fácil y coordinado dentro de las limitaciones individuales. Obviamente, en un tiro en suspensión, mucha de la energía generada facilita el lanzamiento hacia canasta. La fuerza restante necesaria la proporcionan los brazos, la muñeca y los dedos.

El salto hacia atrás *"fade away"* es un arma ofensiva para abrir el espacio entre el tirador, generalmente más pequeño o en posiciones próximas al aro, y el defensor.

Tiene matices diferentes del modelo Sweep and sway cuyo objetivo es la comodidad en los tiros alejados. En lugar de saltar en línea vertical, el tirador se separa de la defensa en un salto hacia atrás.

"De la física sabemos que cuando varias fuerzas actúan sobre un objeto, el resultado es una sola fuerza: la suma vectorial de los componentes."

Focalizar el blanco. Los ojos sólo ven la canasta en el espacio y el cálculo de la trayectoria se deja para el cerebro. Para demostrar la capacidad del cerebro de determinar una trayectoria hacia un punto conocido, cierra los ojos y toca tu nariz o el lóbulo de la oreja con el dedo índice.

Para convencerte de esta capacidad en lo referente a un blanco fijo, concentra tu mirada en un objeto próximo y señala el objeto con tu dedo índice.

Nota que dedicas una considerable concentración centrada en el objeto. A lo largo de toda la acción del tiro a canasta, el jugador mantiene sus ojos concentrados en un punto del aro. A partir de este momento, las articulaciones, especialmente la muñeca de la mano de tiro, se mueven con facilidad.

Al concentrarte en el objeto los ojos se abren de par en par. La razón de que los ojos sigan centrados en el blanco es que son una especie de computadora tridimensional.

Naturalmente, mientras más pequeña es el área enfocada mayor será la exactitud potencial. Esto nos trae al problema del jugador de baloncesto que no tiene como blanco un objeto concreto, sino un área abierta, la canasta. Puesto que los ojos no pueden centrarse en un espacio vacío, lo mejor que puede hacer es seleccionar un punto que permita concretar la trayectoria prevista.

Apoyando el tiro en el tablero el jugador soluciona el problema al focalizar un punto de la pintura del rectángulo. Para el resto de los tiros, sin embargo, debe decidir sobre un punto en alguna parte sobre el borde del aro. La preferencia personal se determina si el punto seleccionado está en el frente o en el borde trasero del aro, pero debe decidir sobre uno u otro para todos los tiros similares. El punto en el que centra la visión debe ser constante a partir del momento que se inicia el tiro hasta la terminación.

Los ojos deben centrarse en la zona de la canasta. Los entrenadores están en desacuerdo sobre el enfoque específico: parte delantera o la parte interior del borde más alejado, un par de líneas verticales imaginarias desde los bordes laterales de la canasta, el espacio interior de círculo de la canasta, y otros puntos de enfoque visual. La mayoría de los tiradores enfocan ojos apuntando como objetivo más allá de la delantera del aro, pero lo importante es la coherencia de la elección si no existe una razón para cambiar.

Mientras que algunos jugadores parece que han nacido con la habilidad de tirar a canasta con eficacia, la mayoría de los grandes tiradores han perfeccionado sus habilidades a través del aprendizaje basado en el ensayo y error en largas horas de práctica.

Cuando el tirador se encuentra en un ángulo aproximado de 45° con el tablero y no demasiado alejado, el jugador puede apoyar el tiro en el tablero. La trayectoria dada al balón para contactar con el tablero permite que aquél tenga un ángulo de incidencia mayor con la canasta y el enfoque es más definido.

"El jugador tiene que desarrollar el hábito de apuntar y saber dónde ha apuntado".

Equilibrio. El centro de gravedad debe estar entre los pies antes de lanzar el balón a la canasta.
La estabilidad se consigue mediante la apertura de las piernas, aproximadamente como la distancia entre los hombros, manteniendo las rodillas ligeramente flexionadas.

Cuando el jugador está bien equilibrado, con las rodillas flexionadas, los pies separados aproximadamente a la distancia de los hombros y el peso repartido uniformemente sobre las puntas de los pies, el jugador puede coordinar los esfuerzos y producir la fuerza adecuada para efectuar un tiro en suspensión coordinado. El grado de flexión y la posición de los pies pueden hacer variar el equilibrio.

En los tiros libres, con tiempo para armar el tiro con la mejor estabilidad, los pies se sitúan distantes a la anchura de los hombros, frente al aro o girados hacia el lado opuesto a la mano fuerte para tener mejor alineación. En un jugador diestro el pie derecho estará más adelantado que el izquierdo, en dirección al aro. El pie izquierdo, ligeramente retrasado y abierto.

Con este adelantamiento del pie de la mano dominante se consigue el adecuado equilibrio corporal en relación al posicionamiento del balón y del aro, y que la mano de apoyo esté en condiciones de acompañar la elevación del balón hasta el momento del impulso final.

Debe estar en una posición levemente agachada y relajada. El peso del cuerpo repartido uniformemente sobre ambos pies. El tirador puede coordinar los esfuerzos de cada músculo para producir una fuerza en dirección a la canasta.
La capacidad del tirador de controlar la trayectoria del balón depende de su capacidad de controlar las fuerzas de la aceleración generadas por su propio cuerpo.

Sin embargo, es dudoso que el tiro tenga éxito a menos que, en el momento de lanzamiento, el tirador independice el esfuerzo de las piernas con el movimiento necesariamente coordinado y relajado del tren superior. A esto se le llama *"fluidez"*

- Debe evitarse el tiro en desequilibrio porque es igual que tirar a un blanco móvil. Aumentará el porcentaje de fallos. Para estos tiros tipo *"bomba"* o *"fade away"* el espacio de lanzamiento es con salto cerca de la canasta.
- Evitar el exceso del tiempo para liberar el balón en los tiros alejados. No debería alcanzar la máxima altura antes del lanzamiento pues significa que el jugador tira en la caída de la fase aérea, ocasionando un tiro demasiado lento, agarrotado y sin fuerza. Diferente modelo es el tiro en distancias cortas.

Algunos jugadores tienen tal control del cuerpo que pueden lanzar a canasta desde posiciones imposibles para cualquier otro jugador. Pero, por lo general, el equilibrio es un principio fundamental. Cada jugador debe aprender a tirar en equilibrio, y este se puede reconocer en la caída de los pies tras el salto, además de la oportunidad y el rendimiento conforme al rango de tiro.

Si eres diestro, coloca el pie derecho ligeramente por delante del izquierdo. Esto se conoce como *"posición básica"*.

- Recordar que el tiro a canasta se inicia desde el suelo.
- Tirar en equilibrio. Centrar la atención en los buenos apoyos y en la distribución de las cargas.
- Tener en cuenta la opción del concepto *"turn"* (se verá más adelante)
- Impulsar el balón rápido, pero sin prisa.
- El balón debe rodar bien hacia atrás.
- Extender los dedos y la mano que lanza hasta que el balón pasa a través del aro. Se le denomina *"seguimiento al balón"*

Coordinación. En cualquier momento de nuestras actividades diarias estamos desarrollando nuestras cualidades físicas.

Una persona con una buena coordinación tendrá más posibilidades de ejecutar movimientos con mayor precisión y economía. La coordinación tiene una gran transferencia al ámbito deportivo siendo la capacidad con mayor influencia en los gestos técnicos y también relevantes en algunos componentes del apartado táctico con relación al espacio-tiempo.

La coordinación de un tiro comienza con los pies situados correctamente en el suelo, en posición básica. La sincronización perfecta da lugar a un impulso suave y continuo. En el tiro en suspensión el impulso al balón con las yemas de los dedos se produce inmediatamente antes del punto más alto del salto. Cualquier aceleración no sincronizada del cuerpo o sus miembros (por ejemplo, moviendo la cabeza) afectará directamente a la trayectoria del balón.

Toda la fuerza transmitida al balón por el tirador debe pasar a través de las yemas de los dedos. Esto permite que los dedos hagan ajustes finos de la trayectoria en el lanzamiento y proporcionen un giro al balón hacia atrás suave y natural.

En las primeras etapas formativas, es importante la alineación al recibir el balón vista más arriba. No obstante, en las etapas formativas intermedias deberán introducir los conceptos que favorezcan armar el tiro de forma rápida. Ello afecta a los apoyos y en gran medida a la protección del balón, de manera que alcancen la alineación ideal en el salto al tirar a canasta y no en los apoyos previos. Este concepto es de gran importancia.

El rango de tiro. El conocimiento del porcentaje de los tiros desde corta, media y larga distancia y la necesidad ampliar el rango del tiro cada vez más alejado de la canasta puede aconsejar perfeccionar o modificar los aspectos técnicos.

Para ampliar el rango del tiro (con buen rendimiento) el jugador deberá modificar la técnica con el modelo con el que se sienta cómodo. La comodidad es la clave. El jugador debe encontrar la comodidad en el modelo de tiro que elija.

En las competiciones profesionales está comprobado que los mejores rendimientos de los tiros se producen bajo aro y en los de larga distancia con valor de tres puntos.

Pero los tiros cerca del aro no siempre son posibles. Los equipos necesitan encontrar un equilibrio en los tiros desde interior-exterior.

El bajo resultado de los tiros de media distancia se debe a la presión sobre el tiro que ejercen los defensores. El estudio del rendimiento en los tiros desvela claramente la necesidad de ampliar el rango del tiro hasta la línea de tres puntos y más lejos, consecuencia de la mejora de las prestaciones físicas y por tanto de las defensivas.

Esta circunstancia ha obligado a modificar criterios técnicos mantenidos durante años con la incorporación del concepto *"dip"* (inicio del tiro atrayendo el balón a la altura de la cintura) y del *"set point"* (punto de ajuste en alturas en ángulos desde 60 a 90 grados o más dependiendo de la distancia)

Otro concepto importante es la necesidad de tiros rápidos, con atención preferente a la velocidad de los apoyos y también a la utilización del espacio con la aplicación *"side step"* (paradas laterales con un primer paso abierto) o *"step back"* al recibir el balón o tras bote.

Recordar una de las grandes definiciones: **"el baloncesto es tiempo y espacio"**

El análisis de los diversos espacios desde donde se efectúan los tiros y sus circunstancias (ubicación, tiro disputado o libre de marca, después de drible o desde estático) aportará a los entrenadores información para diseñar el juego ofensivo y rentabilizar las capacidades de sus jugadores.

Dip (inmersión del balón)

El *"dip"* se define como un movimiento inercial al bajar el balón generalmente a un nivel más bajo que la cintura.

Con el balón centrado en el punto proximal del cuerpo el jugador se ve favorecido por la comodidad (aspecto determinante para adaptar el movimiento a la lógica biomecánica) La inmersión del balón facilita que el balón inicie el lanzamiento con fluidez.

Sin el uso de la inmersión del balón el jugador realizaría una incómoda elevación al punto de ajuste establecido (punto en el que la pelota se impulsa hacia la canasta)

La primera ley de Newton llamada también ley de inercia establece que un objeto permanecerá en su estado actual siempre y cuando no haya algo que modifique el estado de reposo o movimiento que tenga en un momento dado.

Un buen ejemplo para demostrar este principio es el juego de bolos. Cuando el jugador avanza para lanzar la bola, primero la eleva hacia atrás y solo después la impulsa hacia adelante.

Esta acción tiene una estructura *"jonglage"* término que se aplica en los lanzamientos de los balones medicinales en los ejercicios físicos.

No sería posible imaginar a un golfista o a un jugador de tenis sin un balanceo hacia atrás de la herramienta. El movimiento del balón *"dip"* (inmersión) le da al jugador potencia y ritmo, que son dos componentes clave para disparar a canasta desde distancias medias-largas. El mismo principio se puede aplicar al baloncesto.

El *"dip"* aumenta la precisión. Aplicar el *"dip"* puede ser una forma de aumentar la precisión en el lanzamiento a canasta.

El análisis del movimiento es muy útil en campos de investigación como la biomecánica o el rendimiento deportivo. En el baloncesto, al igual que en otros deportes, la evolución depende de análisis de datos para mejorar cada faceta del juego.

Se han realizado múltiples estudios sobre la utilidad del *"dip"*. Los resultados de esos estudios indican con evidencia científica que el *"dip"* aumenta la precisión de los tiros desde todas las distancias y recomienda su incorporación.

Algunos entrenadores consideran que el *"dip"* es un movimiento lento. La realidad es que la inmersión favorece la eficacia en el lanzamiento y no es cierto que el uso del *"dip"* sea más lento.

La inmersión del balón *("dip")* está conectada con los segmentos del cuerpo. Está conectado con la flexión y extensión de las rodillas.

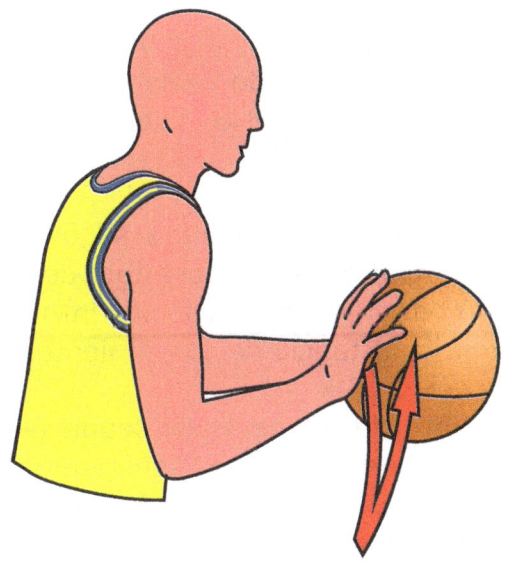

El jugador flexiona las rodillas mientras hunde el balón, desde donde comienza a elevarse. El momento del disparo se produce en el mismo momento que la extensión de las rodillas.

En el tiempo de los apoyos el jugador puede hundir el balón sin tardanza y armar el tiro a la máxima velocidad. De hecho Steph Curry es el tirador más rápido de todos los tiempos.

No es más rápido cuando no se hunde el balón, excepto en tiros poco ortodoxos como al final del tiempo de una posesión, con necesidad de tiros precipitados.

"La inmersión ayuda a dar fluidez al movimiento de disparo".

Set point (punto de ajuste)

El punto de ajuste es una de las fases fundamentales del tiro a canasta. Iniciado el movimiento, el balón pasa por una fase en la que el codo queda por debajo de la muñeca extendida a 70º aprox. Es una acción necesaria para producir el arco del balón adecuado en su viaje hacia la canasta. Lanzar el balón con el arco adecuado para la conveniente incidencia de caída hacia la canasta requiere que ese punto se alcance con el codo en ángulo de 60º aprox. o mayor.

La posición del punto de ajuste varía según las características biomecánicas del jugador, de la longitud de los brazos, de la adecuada evolución del jugador desde sus inicios formativos de la madurez física y de la distancia del lanzamiento.

La posición del punto de ajuste varía según que la distancia de lanzamiento sea cerca de la canasta (generalmente con el defensor muy cerca) o alejada. Si el tiro se realiza cerca de la canasta, la posición de ajuste debería ser lo más elevada posible. En tiros alejados, la posición del balón gira alrededor de los 60º entre brazo y antebrazo alejados de aquellos 90º preconizados en años sin la existencia de la línea de triples y contra defensas más permisivas. Según capacidades: contra mayores prestaciones físicas mayor elevación del punto de ajuste y mayor ángulo entre segmentos.

Podemos establecer 7 puntos de ajuste por medio de las siguientes localizaciones reconocibles:

1. A nivel de boca.
2. A la altura de la nariz.
3. A nivel de los ojos.
4. En el nacimiento del cabello.
5. A ras de la cabeza.
6. Encima de la cabeza.
7. Muy por encima de la cabeza.

El porcentaje de aciertos en el tiro puede verse perjudicado por la elección del punto de ajuste.

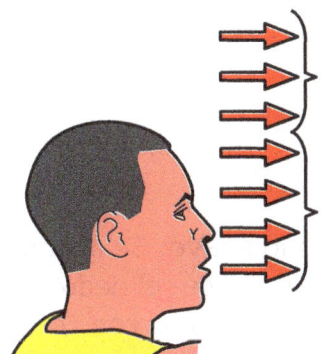

Tiros de corta y media distancia

Tiros de larga distancia.

El dibujo representa los siete puntos de ajuste mencionados. Se agrupan en dos tramos relacionados con la especialización e interesa a las tareas singulares que el jugador debe realizar para el mejor rendimiento de su función.

El tiro desde distancias largas. Las características de este modelo de tiro son el punto de ajuste bajo (con flexión del codo entre 60-70 grado), y la *"mano suave"* que se balancea desde la extensión de la muñeca en el punto de ajuste hasta la flexión en la extensión del brazo y la liberación del balón.

Después de disparar los dedos índice y pulgar se tocan en *"pellizco"*, con la muñeca y toda la mano relajada. (ver fig. 1)

El punto de ajuste puede variar. Para distancias largas se aconseja un punto de ajuste desde el nivel de boca hasta el nacimiento del pelo. La elección dependerá de las capacidades individuales.

- Un punto de ajuste bajo permite transferir más energía en el lanzamiento.
- Lanzamiento en un tiempo. No hay parón en ningún punto de ajuste elegido.
- El lanzamiento es fluido. Significa que el balón se dispara al tiempo del salto, sin llegar a alcanzar la máxima altura. No se realiza *"suspensión"*.

En la última fase, el disparo finaliza con la liberación adecuada del balón.

Los buenos tiradores mantienen un seguimiento del balón en cada disparo. La duración del seguimiento es hasta que la pelota alcanza la canasta.

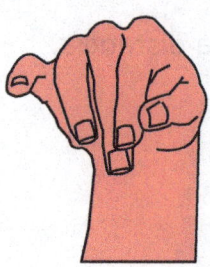

Fig. 1. Mano suave. Se aconseja disparar con el dedo índice, el dedo más fuerte de la mano, y terminar con *"pellizco"* de los dedos índice y pulgar.

La técnica de llevar el dedo índice al pulgar favorece que el lanzamiento sea más recto.

- Liberación de cuatro dedos hacia abajo. Pellizco: *"coger la galleta del tarro"*
- El ángulo entre brazo y antebrazo varía según la altura del punto de ajuste desde 60º a 90º en distancias desde 7 metros y más.
    - Ejemplos: Steph Curry 60º aprox. y posición de ajuste a la altura de la boca. Klay Thompson 75º aprox. y posición de ajuste a la altura del nacimiento del pelo.
- Los jugadores que realizan lanzamientos alejados del aro, deberían armar el tiro desde un punto de ajuste bajo. Como referencia: desde el nivel de la boca hasta el del nacimiento del pelo.

El tiro desde distancias medias y cortas. Para evitar que le bloqueen el tiro en distancias cortas, el jugador debería elevar el punto de ajuste lo más elevado posible. El tiro se ejecuta con el balón encima de la cabeza, liberando la vista de la canasta.

Es relativamente fácil de ejecutar. En este modelo de tiro, al que podemos denominar *"de fuerza o mano dura"*, el ángulo del codo es de 90º o mayor y requiere de fuerte salto. El impulso del balón a canasta se produce alcanzada la máxima altura. (Fig. 2)

Fig. 2

El balón se suelta con un golpe de muñeca después de salto en vertical o *"fade away"*. La característica de un tiro en distancias medias-cortas se llama de *"mano dura"* por el movimiento final de la muñeca. (Fig. 3)

La mano queda inmóvil después del disparo con los dedos señalando la canasta. Este tipo de tiro es bueno para el tiro perimetral y el tiro *"fade away"*, pero debido a que la fuerza de liberación principal es la muñeca, no es un modelo adecuado para distancias largas.

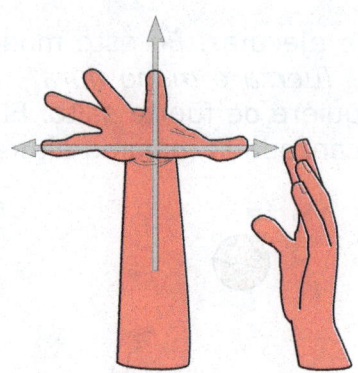

Fig. 3

No se puede tener idéntica técnica de lanzamiento a canasta sin tener en cuenta la distancia con respecto a la canasta y las características del jugador y sus prestaciones. De ahí la especialización.

Como ejemplo, podemos extrapolar el punto de ajuste a las necesidades del lanzamiento del peso en las pruebas atléticas. El atleta, previo al lanzamiento, sitúa el peso debajo de la barbilla y apoyado en el cuello.

Para vencer en la prueba necesita de una profunda flexión del codo.

En baloncesto, una lección clara de la adecuada adaptación de la altura del punto de ajuste en el tiro son los rendimientos en canastas de tres puntos de uno de los mejores jugadores que han existido, si no el mejor, Michael Jordan. A lo largo de su carrera promedió 32,7% en tiros de tres, muy lejos de los especialistas NBA (Curry 43,0% y mejor temporada 45,5%, Thompson 41,8% y mejor temporada 44,0% que además disparan desde distancias hasta de 9,5 mts.) y que en el único concurso de triples en el que participó Jordan, tan solo metió 5 canastas de las 25 intentadas.

¿Acaso es posible disparar con acierto desde 9 mts. con un punto de ajuste alto? Ese era el problema de Jordan en los tiros de larga distancia.

Fig. 4

En los dibujos de la figura 4 se representan dos alturas del punto de ajuste.

A la izquierda, el dibujo representa a un jugador con el "set point" situado en el nacimiento del cabello, aprox. como los tiros de Dirk Novitzki, jugador que realizaba sus tiros ajustado a la línea de triples (38,2%)

A la derecha el dibujo del jugador sitúa el punto de ajuste a la altura de la boca. Este es el tiro de Steph Curry, con tiros de hasta 9,50 mts. de distancia.

Un punto de ajuste bajo hace que sea más fácil, para el defensor, bloquear el tiro, así que para compensarlo necesita armar el tiro muy rápidamente.

La posición de ajuste tiene un largo recorrido: puede ser desde la boca hasta muy por encima de la cabeza. La altura del punto de ajuste se mide desde la parte inferior del balón.

- Las capacidades físicas determinan la altura del punto de ajuste.

- El punto de ajuste en tiros desde posiciones cercanas es muy por encima de la cabeza y con apertura del codo de 90º o mayor.
- La altura del codo también varía según la distancia del lanzamiento y lo condiciona. Contra más elevado el codo en el punto de ajuste menos potencia.
- Por lo general, los tiros desde un punto de ajuste elevado son para rango medio y corto.
- El lanzamiento se produce al alcanzar la máxima altura del salto.

El ajuste a nivel de ojos y crecimiento del pelo lo utilizan Klay Thompson, Damian Lillard (36,7%) y Kyrie Irving (38,0%)

Fig. 5

En la fig. 5 se puede apreciar el nivel del punto de ajuste encima de la cabeza. Lo utilizan Kawhi Leonard (39%) y Kevin Durant (38%) entre otros.

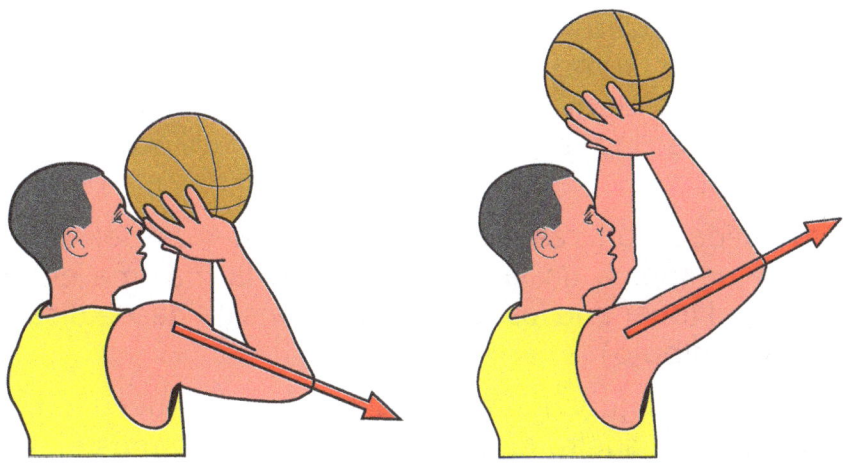

En las imágenes se representan dos características diferenciadoras, consecuencia de distintas alturas del punto de ajuste relacionadas con la distancia con respecto a la canasta: la dirección de los codos.

Tiro en semi-gancho

Un ejemplo ilustrativo de "set point" alto puede ser el tiro en semi-gancho o *"jump hook"*. Este tipo de tiro se efectúa con salto a dos pies en distancias cortas con respecto a la canasta y es uno de los tiros más efectivos utilizados a nivel profesional.

La proximidad con respecto a la canasta y la del defensor, obliga al jugador a un lanzamiento con la máxima elevación del balón, al igual que los tiros en suspensión desde distancias cortas (Ver dibujo)

Una vez que el jugador alcanza el espacio adecuado, salta verticalmente y suelta el balón desde el punto más elevado.

Turn (giro)

El giro es un componente muy importante del tiro a canasta. Cuadrar los pies y ambos hombros hacia la canasta tiene poco sentido cuando ya en su inicio las manos tienen diferentes funciones.

La mayoría de los buenos tiradores no saltan con los pies alineados con la canasta, sino girados en menor o mayor grado, hacia el lado opuesto a la mano fuerte. (Ver dibujos)

La acción de girar no se limita a la posición de pies en la batida, sino también se puede producir en el salto. Girar ayuda a alinear el brazo con la línea del ojo dominante.

Un ejemplo de lógica de lanzamiento la encontramos en los lanzadores de dardos. La posición girada es excesiva con respecto a la propuesta del tiro en el baloncesto, pues no tienen que sujetar el dardo con la mano de apoyo, pero es un ejemplo significativo de adaptación a su modelo de juego.

Para lanzar el balón con precisión, el jugador salta y gira hacia su izquierda (jugador diestro) y aterriza con los dos pies con ángulos idénticos a la línea de los hombros y cadera. Es decir, el giro se produce por igual en todos sus segmentos.

La clave es la alineación en el momento de soltar el balón. Los pies separados al ancho de los hombros, deben aterrizar con igual amplitud o ligeramente mayor que en el momento de la batida.

Los jugadores que aterrizan con los pies en línea perpendicular con la canasta, es decir con los pies cuadrados, no tienen alineación y potencia en su disparo. Enviarán el balón corto o a los lados de la canasta. El jugador puede comenzar a tirar a canasta con los pies cuadrados de frente e incluso en algunas paradas con el pie derecho retrasado con respecto al pie izquierdo (necesidad de velocidad en los apoyos) pero deberá girar después en el aire tras el salto.

Este modelo de lanzamiento es significativo cuando el jugador realiza una parada tras drible con su mano derecha (jugador diestro) Muchos tiros desde distancias medias necesitan de la velocidad y protección del balón para armar el tiro, por lo que la disposición de los pies en la batida puede estar alejada de la ortodoxia preconizada en tiempos pasados.

Girando en el salto es ahora cuando el jugador alinea el balón con el aro, no en el suelo antes de la batida. Esta es la diferencia con respecto a hace no muchos años: la necesidad de la velocidad en la parada y de la protección del balón contra defensores agresivos que nada tienen que ver con sus antepasados.

Por lo tanto, la alineación no es una disposición que deba ajustarse antes del salto sino en el transcurso del propio salto.

En tiros alejados no es la velocidad o la protección del balón lo que justifica el giro, sino la aplicación de un extra de potencia con comodidad y fluidez.

- Los hombros, caderas y pies conservan el mismo ángulo.
- Con la posición adelantada de la cadera y el hombro del lado de la mano fuerte, el lanzamiento se dirige más recto proveniente del brazo fuerte.
- En el punto de inicio, el balón está situado en mitad del cuerpo. Se busca la comodidad e idéntico ángulo en la línea de los hombros que la de la cadera y los pies. La alineación del hombro, codo y balón se produce en la siguiente fase (punto de ajuste)

Sweep and sway (barrido y balanceo)

El *"sweep and sway"* es una adaptación para realizar tiros a larga distancia. Es una técnica simple que ayuda a relajar los hombros mientras transfiere una fuerza adicional al lanzamiento. Los pies "barren" hacia adelante mientras los hombros "balancean" hacia atrás; mejora el arco del disparo y alivia la tensión de los hombros y trapecios.

La característica del *"sweep & sway"* es una sutil rotación de cadera y hombros junto con los pies. Mientras se dispara, los pies se mueven hacia adelante y giran hacia la mano contraria del tiro. La torsión en combinación con el barrido y balanceo le da al disparo fuerza y alineación. El objetivo del *"Sweep and sway"* es facilitar relajación y la alineación de los segmentos implicados en el tiro.

Para realizar el tiro con salto el jugador echa hacia atrás los hombros compensado con un avance de las piernas (salto hacia adelante) Ver dibujos.

Con el giro el jugador obtiene de forma relajada la alineación mano-codo-hombro-cadera. Con este modelo el tiro se realiza cómodamente desde larga distancia.

Por lo general los jugadores que tiran a canasta con salto en vertical según el modelo tradicional carecen de buenos porcentajes en tiros alejados. Necesitan extender brazo y antebrazo, sus hombros y cuello se tensan y pierden fuerza en el lanzamiento.

Con el salto hacia adelante y los hombros en balanceo se consigue equilibrio y relajación en los hombros lo que permite proporcionar mayor arco parabólico en el disparo a canasta.

- Al barrer los pies hacia adelante, los hombros naturalmente se balancearán hacia atrás, esto facilita el seguimiento del arco del disparo.
- No girar en exceso los pies. En distancias muy alejadas deben aterrizar no más allá de un máximo de 90 grados.
- Impulsar el balón rápidamente, pero sin prisa.
- El balón debe rodar bien hacia atrás.
- Cuanto más largo sea el disparo, mayor será el barrido.

El tirador debe girar para alinear de forma relajada la mano, el codo, el hombro y la cadera con el aro, pero si el disparo es de larga distancia, se suele aplicar el *"sweep and sway"* (barrido y balanceo)

El *"sweep and sway"* es una técnica muy simple pero efectiva que ayuda a los hombros a tener menos tensión que la que exige el lanzamiento con elevación vertical. En el tiro con elevación vertical están muy influenciados los músculos de los hombros y de los trapecios.

El barrido de los pies hacia adelante en el tiro a canasta hace que los hombros se balanceen hacia atrás, liberando la tensión de los hombros y mejorando el arco del tiro. Tras la batida, aterrizar delante de donde se saltó produce mayor impulso y permite disparos más fáciles desde largas distancias.

Los jugadores que aterrizan en el mismo lugar en el que comienzan la batida pierden potencia en el tiro, los hombros y el cuello se tensan y carecen de alcance. La necesidad de efectuar tiros cada vez más alejados incita a reconsiderar técnicas anteriores.

En los tiros alejados, echando los hombros hacia atrás (balanceo) hace que los pies se muevan hacia adelante. Esto favorece la relajación de los hombros y permite efectuar un arco mayor de tiro.

Con el balanceo se obtiene una gran parte de la potencia del disparo. No es un *movimiento "fade away"*. Un *"fade away"* es cuando el jugador aterriza con un pie en caída hacia atrás después del tiro.

¿Cuáles son los mecanismos?
- Punto de inicio: hundimiento del balón hasta la cintura (Dip)
- Punto de ajuste: elevación cinética del balón al tiempo del salto (desarrollo segmentario)
- Salto hacia adelante y espalda hacia atrás.
- Giro.

Permite:
- Gran potencia de lanzamiento (mayor alcance, arco y alineación)

Motivo:
- En el tiro vertical tradicional la tensión va directamente a los hombros.
- Es un modelo para distancias alejadas. Para tiros de rango medio o corto es mejor el salto en vertical, excepto en los saltos hacia atrás para alejarse del defensor.
- La técnica se debe acomodar a cada individuo. El buen tirador es el que ha adaptado el tiro a sus características particulares.
- Se puede llegar a la conclusión de que no deberíamos enseñar la técnica *"weep and sway"* indiscriminadamente. No obstante, ofrecemos este modelo para que el jugador elija la técnica que se adapte mejor a su característica física y sus capacidades perceptivo-motrices y coordinativas.

- Si a un jugador le funciona bien el tiro en vertical (modelo tradicional) no tiene sentido cambiarlo. La lógica es utilizar el balanceo en los tiros alejados y el tradicional en vertical en los tiros medios.
- Con el giro se consigue la alineación de los segmentos laterales con respecto a la canasta. Este concepto también es aplicable en los tiros libres. Similar al lanzamiento de dardos, los pies se apoyan ligeramente girados de forma lateral.

Sumario

Hay tantas formas de tiros a canasta como jugadores. Sin embargo, hay algunas claves que se repiten en todos los grandes tiradores, aunque algunas no se usen en situaciones puntuales como en finales de posesión del balón o en tiros *"fade away"*.

- Colocación de la mano y del codo debajo de la pelota en la fase *"set point"*. Esto permite obtener la potencia necesaria para los tiros alejados.
- Antes de la existencia de la línea de tres puntos los tiros a canasta se realizaban generalmente desde distancias medias y cortas. Los defensores protegían más el espacio zonal, consecuencia, entre otras, de que el valor de las canastas era el mismo desde cualquier distancia. El ángulo entre el brazo y el antebrazo oscilaba alrededor de 90º en la posición de ajuste desde *"set point"* elevado.
- El ajuste alto solo es útil en tiros de media y corta distancia.
- Los modelos de tiro se adaptan a las capacidades físicas, técnicas y mentales de los jugadores. Los puntos de ajuste se diferencian en la altura y en la acción final de la muñeca.
- En el baloncesto actual el rendimiento de los tiros de tres puntos ofrece un rendimiento extraordinario. A tal efecto, en tiros alejados, se aconseja un "set point" bajo en flexión del codo alrededor de 60º. Con ello el jugador podrá efectuar tiros cómodos con un alto porcentaje de efectividad.

- Extender el brazo en una elevación que permita alcanzar el arco adecuado del balón. El ángulo de disparo no es el mismo que el de caída del balón en su trayecto hacia el aro.
- El jugador debería lanzar a canasta con una proyección entre 60-70 grados dependiendo de la distancia (ángulo de elevación del brazo, arco del balón, etc.)
- La posición del punto de ajuste *("set point")* depende de la distancia con respecto a la canasta. En distancias cortas se recomienda elevar la posición de ajuste lo más elevada posible sin perder comodidad.
- Es importante recibir el balón en flexión acomodada para iniciar el salto, con el balón hundido cerca del cuerpo *("dip")* Esto permitirá poner todo el impulso en la pelota.
- El lanzamiento se produce en un solo tiempo. Sin pausa. Si se sostiene la pelota de baloncesto demasiado tiempo en el punto de ajuste, el jugador perderá todo su impulso y tendrá dificultades para tirar desde largas distancias.
- El modelo en distancias cortas difiere del de tiros alejados. Aquí el salto es potente, de fuerza, para alejarse del defensor. Es un tiro *"de muñeca"*, con salto potente, con elevación máxima dentro de la necesaria comodidad"

Fases del tiro (componentes esenciales)

El jugador debe construir su técnica de tiro adaptada a sus características particulares. La necesaria adaptación del tiro a la estructura particular de cada individuo produce modelos técnicos diferentes, aunque en lo esencial mantiene las pautas fundamentales. Para ser un buen tirador el jugador debe tener una buena mecánica adaptando el modelo ideal a su realidad personal.

La adaptación a las características personales de cada jugador no exime del mantenimiento de una serie de normas fundamentales.

Fase de preparación. El tiro puede verse afectado incluso antes de tocar el balón. Para efectuar un buen tiro el jugador debería estar preparado antes de que la pelota toque sus manos.

La preparación del tiro tiene un impacto significativo no solo en el acierto sino también en la posibilidad de poder lanzarlo sin agobio.

Hay tres grandes normas en la preparación del tiro que el jugador debe tener en cuenta antes de realizar cada tiro.

- Recibir el balón en flexión: esta norma ayudará a que el momento de captura y disparo sea más rápido porque el jugador ya está en disposición de saltar cuando le llegue la pelota, en lugar de recibir, flexionar para el salto y luego disparar. También permitirá levantar mejor el tiro, lo que ayudará a mejorar el alcance.
- Mostrar las manos. Le da al pasador un objetivo y facilita la captura.
- El tirador debe intentar que el impulso del salto le haga caer ligeramente adelantado hacia la canasta con respecto al punto de batida. Esto ayuda a asegurar que el tiro está en línea con el aro y también mejora el alcance.

Colocar los pies en la posición correcta ayuda a mantener el equilibrio y garantiza el movimiento encadenado de las fases del lanzamiento con fluidez. Los pies deben estar en una posición cómoda y separados aproximadamente al ancho de los hombros.

Con el balón controlado con las manos en presas invertidas, flexionar la muñeca *"presentando"* el balón a la canasta. Si el balón se arma correctamente, se pueden ver el pliegue dorsal de la muñeca.

- La mano, antebrazo, codo, rodilla y pie deben estar alineados sin tensión.
- La consigna sigue siendo la comodidad. Los codos no sobresalen a los lados. El brazo que tira cae en vertical desde el hombro.

- Dip. Hundir el balón a la altura de la cintura.
- Equilibrio. Buscar rápidamente el equilibrio en posición de amenaza.
- La cabeza se mantiene erguida y directamente encima del punto medio entre los pies.

Fase de elevación.
- En el transcurso del salto vertical el balón se sitúa en la *"posición de ajuste"*.
- La característica fundamental es la rapidez. Es más importante la rapidez de ejecución que la altura del salto.
- Coordinación.
- Salto vertical. Es importante que en las primeras etapas del aprendizaje los jugadores realicen el salto en vertical, de forma que el punto de caída tras el salto sea el mismo que el de batida. Posteriormente podrán incorporar el balanceo (Sway)
- Ajuste del balón.

Fase de lanzamiento.
- No se precisa de un gran salto para tirar a canasta, pues puede verse afectado el equilibrio o la velocidad del lanzamiento. Dependerá de la distancia con respecto al aro. La característica fundamental en esta fase es la coordinación.
- La palma de la mano de lanzamiento no toca el balón, pero tampoco deja demasiado espacio con este. En general el contacto con el balón será más pronunciado cuanto menor sea la mano del jugador.
- Nada más recibir el balón, la muñeca queda doblada hacia atrás en flexión dorsal, de forma natural. El balón pasa a la posición de ajuste.
- Dependiendo de la especialización del jugador la altura del punto de ajuste varía. Los niveles van desde la altura de la boca hasta más arriba de la cabeza. Según el modelo de especialización el jugador adoptará en sus tiros el giro o el sweep and sway.

- La cabeza está en posición normal en todo el proceso. No se mueve. Los ojos miran al aro. En las primeras etapas, hasta que la técnica se afianza, es importante que el jugador sepa qué ocurre con el balón, viendo su trayectoria para comprobar las vueltas y el arco.
- El control del esquema corporal y saber cómo se dirige el balón en su trayecto hacia el aro son de suma importancia en las etapas formativas.
- Apuntar al borde delantero como un todo, y un poco más. Es importante tener un objetivo.
- La flexión de la muñeca deberá producir la rotación necesaria al balón para realizar un tiro suave.
- El brazo se estira coincidiendo con la extensión de las piernas.
- Los dedos de la mano de apoyo, quedan señalando hacia la muñeca de tiro. Es importante prestar atención a la mano de apoyo, es decir, en un jugador diestro la mano izquierda. Esta mano tan sólo debe ayudar en la subida del balón.
- Una vez realizado el tiro se debería ver claramente la mano izquierda y parte del antebrazo por encima de la cabeza. La mano izquierda mantiene el equilibrio del balón desde su posición lateral, sin ninguna otra intervención ni modificación.
- Cuando el balón sale de la mano, el último control debería ser con las yemas de los dedos, cuya sensibilidad favorecerá la precisión del lanzamiento. Esto origina que el balón salga dando vueltas hacia atrás en dirección a la canasta. El balón sale dando vueltas por la acción de la muñeca de la mano de lanzamiento que se extiende señalando el aro como si se quisiera meter la mano dentro de él.
- Realizar el lanzamiento con la máxima economía de movimientos.

Fase de caída.
- Prestar atención a la caída después del salto. En las etapas iniciales los jugadores deberían caer en el punto de batida.

- Si realiza giro en el salto, la línea de pies caería en el mismo ángulo que la línea de caderas y con la misma apertura que ésta.
- El brazo permanece extendido hasta que el balón llega a la canasta.
- Los brazos deben recogerse efectuando el mismo recorrido a la inversa que en la fase de lanzamiento.
- El jugador deberá caer en equilibrio para poder desarrollar el movimiento siguiente, sea para rebotear, defender o correr al balance defensivo.

Análisis de las partes del tiro

La posición correcta de las manos en el balón es un aspecto importante para la efectividad del lanzamiento a canasta.

El agarre del balón. Es la base desde la que se articulan la mayoría de los gestos de ataque. La rentabilidad de las habilidades técnicas con balón, tirar, pasar, driblar, etc., implica sostener el balón correctamente.

La posición correcta de las manos es solo una parte a tener en cuenta para realizar un buen tiro a canasta, pero es la más importante.

No se puede tirar a canasta correctamente a menos que se sostenga el balón correctamente. El agarre del balón es el aspecto más importante para efectuar un buen tiro. Una mala sujeción del balón hará fracasar cualquier lanzamiento a la canasta.

Para efectuar un tiro eficaz la distribución de las manos sobre el balón es de gran importancia. La mano izquierda ha de acoplarse lateralmente en perpendicular al centro del balón. Estará extendida en prolongación del antebrazo, sin flexión dorsal, lo que provocaría la apertura del codo izquierdo hacia el lateral.

La posición de las manos con el balón antes de la elevación para el lanzamiento debería estar situada entre la cintura y el pecho (Dip).

A partir de esta posición el jugador desarrolla toda la acción de salto con la elevación inmediata y coordinada del balón (punto de ajuste)

Esta posición difiere en función de diversos factores. El jugador deberá acomodar el tiro dependiendo de las características y de la proximidad con respecto a la canasta.

Las manos apresan el balón con los pulgares en T. Para mantener el balón, ambas manos empujan hacia su centro para crear una presión suficiente para sostenerlo. Los dedos de cada mano se reparten cómodamente abarcando el balón.

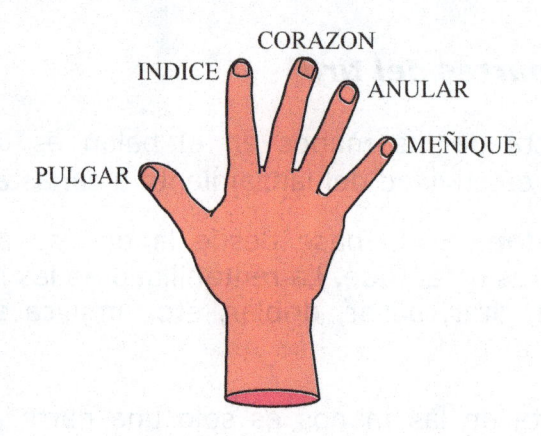

La longitud de los dedos no es idéntica proporcionalmente en los individuos. Estudios realizados muestran diferencias de la longitud del dedo índice con respecto al dedo corazón. Por ello la impulsión del balón no puede regirse por normas rígidas.

Por lo general el dedo índice y el dedo corazón hacen una gran parte del trabajo de impulsión del balón. Son los últimos en tocar el balón en el lanzamiento a la canasta. En ese momento, el balón se proyecta hacia la cesta con un chasquido de la muñeca.

Todas las fuerzas impartidas al balón por el tirador deben terminar en la punta de los dedos, excepto en los tiros "bomba" para poder hacer ajustes finos en la trayectoria del lanzamiento y proporcionar al balón un efecto suave de retroceso natural. La trayectoria óptima del balón es la que resulta de la relación entre el ángulo de lanzamiento más alto con la velocidad más baja posible.

El balón debe estar solo en contacto con los dedos, no con la palma de la mano, pero la superficie de contacto con el balón depende del tamaño de las manos. Contra más pequeñas sean las manos y los dedos, más amplio es el contacto.

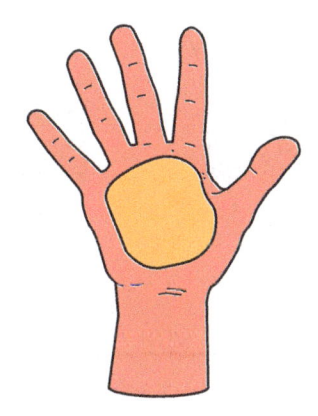

El tirador debe ser capaz de conocer la participación de los dedos de la mano involucrados en el lanzamiento del balón.

Al final del lanzamiento los dedos índice y pulgar se pellizcan de forma que se produce un movimiento extra de los dedos similar a introducir la mano en un frasco.

Recepción del balón. "Pick up point". La toma del balón es diferente en los tiros alejados que en distancias cortas.

En distancias cortas, con el defensor muy encima, el jugador no puede exponer el balón por lo que, para realizar el tiro, la toma del balón con las dos manos debería ser rápida, independientemente del lado de control.

En posiciones abiertas, la toma del balón se produce en dos tiempos sobre todo cuando proviene de drible. Por ejemplo, si el jugador ataca en drible con el balón alejado del cuerpo (fintas con balón en drible, paradas en *"drag",* etc.) A tal efecto, los dibujos representan la toma del balón en dos tiempos. La mano que maneja el balón lo arrastra al encuentro de la otra mano para realizar el tiro.

Con ello el jugador mantiene el frente con la canasta facilitándole el mejor equilibrio en el lanzamiento.

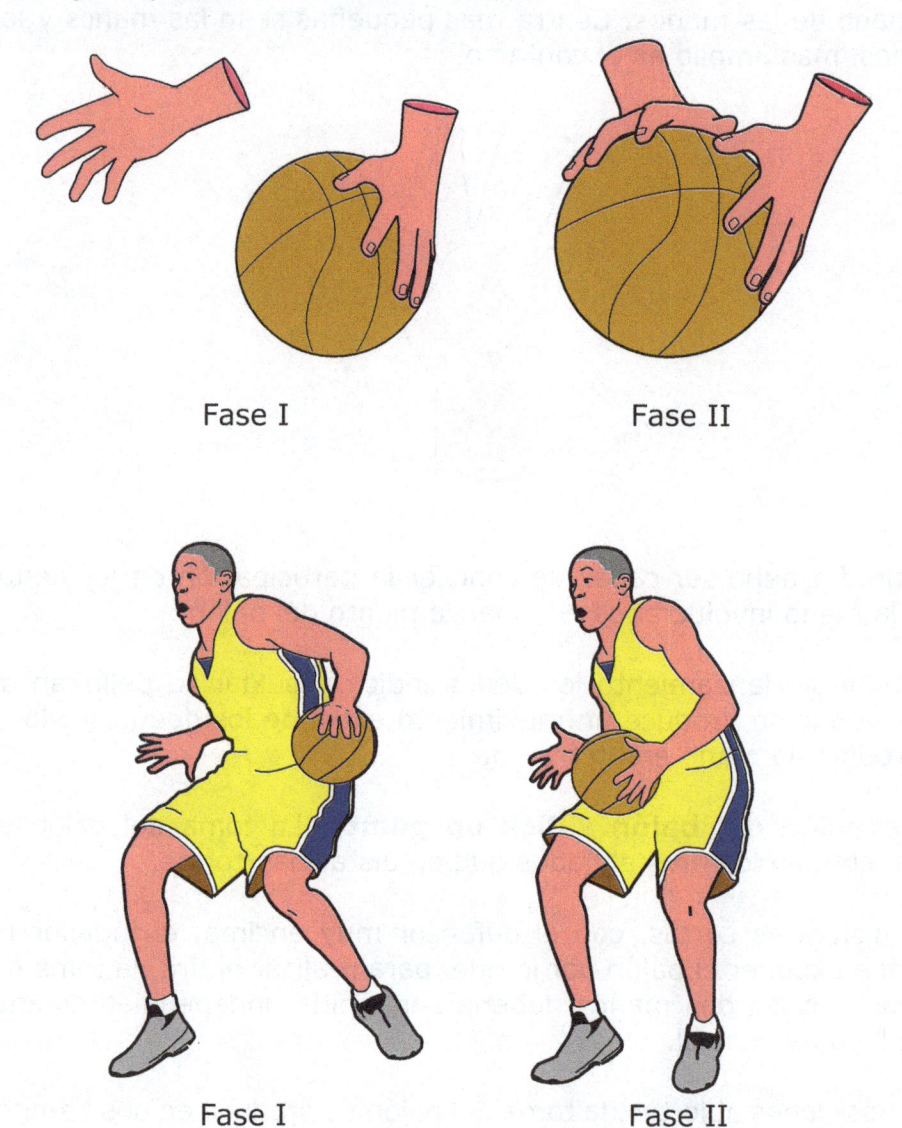

Fase I   Fase II

Fase I   Fase II

Los dibujos representan las dos fases de la toma del balón. Para armar el tiro, el jugador arrastra la mano izquierda portadora del balón al encuentro de la otra mano. Corresponde a un supuesto jugador que dribla en posiciones exteriores.

La posición de las manos en la fase de elevación. En la fase de elevación, las presas mantienen la distribución de la fase previa, desarrollando una función dispar. En un jugador diestro (derecho) estas funciones son:

- La mano derecha acomoda el balón como una bandeja desde la fase de ajuste. La flexión dorsal de la mano se mantiene desde la fase previa hasta la de elevación del balón.
- La mano izquierda, en el lateral del balón, efectúa la función exclusiva de su control.

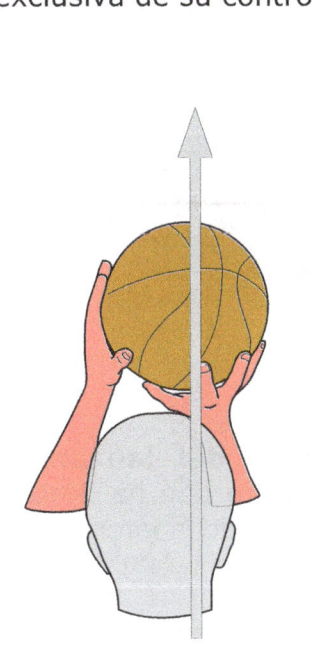

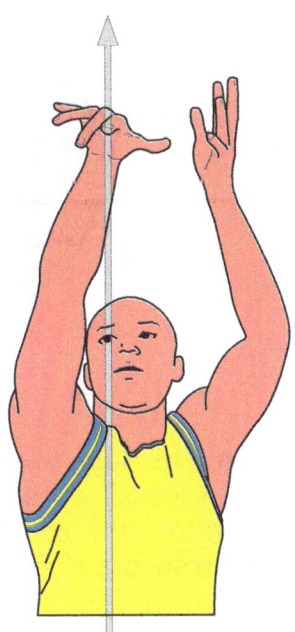

Fig. 6

En los dibujos de la fig. 6 se puede observar la posición de las manos en la fase de elevación del balón y la alineación final. El movimiento de la muñeca es una realidad biomecánica. No se debe forzar la muñeca con el objetivo de alinear la mano en la fase de ajuste.

En el momento del lanzamiento final es cuando la mano quedará enfrentada a la canasta, con los dedos pulgar y meñique en horizontal, previo al "*pellizcamiento*" de los dedos pulgar e índice dependiendo del modelo de tiro (punto de ajuste)

La distribución de las presas se mantiene en la fase de elevación. No se modifica el ángulo de la extensión de la mano diestra. Todo el dispositivo de disparo se articula agrupado.

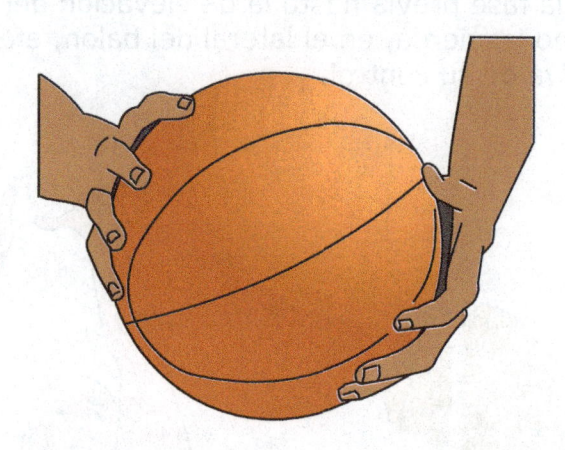

La posición de las manos después del lanzamiento. La economía de movimientos es otro aspecto que ha de tenerse en cuenta, evitando estímulos extras y limitando la intervención de las piernas y del tronco a la función de saltar.

La función diferente de cada mano también está limitada:

- Después del lanzamiento el brazo permanece extendido (mano flexionada, el antebrazo y el codo) hasta que el balón alcanza el aro.
- La mano izquierda no interviene en el lanzamiento ni modifica la posición de control inicial sobre el balón.

La mano fuerte. Para establecer el control con las yemas de los dedos, se debe aplicar una suave, pero firme presión, además de abrir los dedos de la mano hasta su completa extensión. La apertura de los dedos debe ser amplia para abarcar el balón con comodidad.

Los dedos estarán separados cómodamente, firmes, pero no rígidos, antes, durante y después del tiro.

El dedo meñique y el dedo pulgar deberían estar alejados, pero sin tensión. Esta apertura crea un espacio entre los dedos y las palmas de las manos, y el mejor control del balón posible. La palma no debería tocar el balón.

Las muñecas estarán relajadas, de modo que el jugador pueda desarrollar un movimiento completo, sin bloquear las muñecas.

- En el momento el impulso final el balón debería estar en la línea del ojo dominante. Si el tiro es a corta distancia el dedo índice debe apuntar hacia la canasta. Es el dedo guía. Es la prolongación natural del brazo fuerte.
- El dedo índice y el dedo corazón son los principales impulsores del balón en el tiro.
- El dedo pulgar y el dedo meñique, son importantes para la estabilidad y el control del balón.
- El dedo anular es sólo un estabilizador.
- Los jugadores utilizan las yemas de los dedos para manejar el balón. Las palmas no deben tocar el balón.
- Movimiento de la muñeca en tiros a corta distancia. Con el balón en la mano de tiro encima de la cabeza y la muñeca doblada hacia atrás a 90º el jugador lanza a canasta con un chasquido de la muñeca. Efectuar el movimiento avanzando la mano rápidamente de forma natural.
- Los jugadores jóvenes necesitan practicar sin balón el movimiento de las muñecas antes de efectuar el tiro real. La corrección del movimiento de las muñecas sin y con balón ayudará a conseguir el gesto adecuado.
- Los problemas del tiro provienen principalmente de los movimientos excesivamente rígidos de las muñecas. Los ejercicios frecuentes de flexibilidad de las muñecas ayudarán a mejorar el tiro.

El lanzamiento es consecuencia de la alineación de las articulaciones, de la posición del balón, del ángulo de incidencia de la trayectoria del balón con el aro y la influencia de la fuerza dada por cada dedo de la mano fuerte.

En el momento del lanzamiento la muñeca gira entera y mantiene las distancias del triángulo que forman los dedos índice, pulgar y meñique.

La mano fuerte debería estar ligeramente ladeada en su contacto con el balón. El objetivo es una sujeción sin tensión. La uniformidad es la razón por la cual se coloca la mano de tiro al costado de la pelota.

Es deseable que los tiros (bombas, bandejas, libres y en suspensión) usen los mismos principios y mismo punto de inicio, sea drible o recepción del balón desde el lateral izquierdo o desde el derecho. Esto reduce el desorden. Lamentablemente, la mayoría de los jugadores usan diferentes técnicas para los diversos tiros. Es importante agilizar el proceso de disparo usando las mismas técnicas en todos los tiros a canasta.

Cuando se sujeta el balón, una buena norma general es mirar las manos, y ver todos los dedos excepto el dedo meñique en la mano de tiro. Esto le permite saber que la mano está en la posición correcta.

En la fase inicial del lanzamiento a canasta hay que evitar colocar la mano enfrente del balón, forzando la muñeca. Esto crea en la muñeca una tensión innecesaria e inútil. Los dedos se alinean con el aro en la fase de la flexión de la muñeca.

En la última fase del lanzamiento es cuando se produce la alineación de los dedos índice y corazón con la canasta, coincidente con la alineación en horizontal de los dedos pulgar y meñique. Es decir, solo en el momento de la flexión de la muñeca la mano queda orientada a la canasta. Después, la muñeca podrá realizar el movimiento extra, *"pellizcando"* el dedo índice y pulgar, dependiendo del modelo de tiro acorde con la distancia del lanzamiento (mano dura o mano blanda)

- La mano del tiro ligeramente al costado del balón.
- No tensionar la muñeca para sujetar el balón.
- Hundir la pelota *("dip")*

La mano de apoyo. La mano de apoyo, la mano izquierda en los jugadores diestros, es fundamental para el buen lanzamiento a canasta. Si el jugador la sitúa sobre el balón dejará pronto su función de apoyo, lo mismo que si la sitúa demasiado baja.

La posición de la mano izquierda, en los jugadores diestros, se sitúa en el lateral, sin extensión dorsal, y su función es la de apoyo.

La mano de apoyo se acopla el centro del balón y a 90 grados respecto de la mano de tiro. Estará extendida en prolongación del antebrazo, sin flexión dorsal que provocaría la apertura del codo izquierdo hacia el lateral.

El trabajo de la mano de apoyo es, simplemente, mantener el balón en su lugar y no debe utilizarse en el tiro. No toma parte en el tiro. Su trabajo es ayudar a sostener y proteger el balón hasta el lanzamiento.

Sólo la mano de tiro debe tocar el balón en el impulso final. En el momento del impulso del balón hacia la canasta la mano de ayuda no debe girarse hacia la canasta. Debe estar mirando siempre hacia la muñeca de la mano lanzadora. El jugador lanza el balón hacia canasta con el apoyo de la mano de apoyo, no con ella.

Si la mano de apoyo gira hacia la canasta en el momento del lanzamiento el balón recibe una energía extra de impulso. Es un error muy común.

El mismo error se produce cuando el pulgar interviene en el impulso final del balón *("Thumb flick")* El pulgar de la mano guía no debe intervenir en el lanzamiento. El impulso extra del dedo pulgar es un perjuicio para la precisión del tiro. Tampoco se debe girar la muñeca para apoyar el tiro.

La mano guía es sólo para apoyar la subida del balón hasta la posición de lanzamiento final y no para ayudar en el impulso final.

El entrenador debería observar la función de la mano de ayuda. En los primeros entrenamientos correctivos, hacer que el jugador utilice sólo el dedo índice de la mano de apoyo y no la mano entera.

Repetir hasta que el jugador tenga la suficiente confianza como para volver a utilizar la mano completa para sujetar el balón sin colaborar en el lanzamiento.

La mano izquierda en los jugadores diestros es básicamente la herramienta de apoyo que crea unidad y equilibrio en el disparo.

La importancia de la mano izquierda se ve en los grandes tiradores. Después del tiro todos ellos mantienen la mano de apoyo en una posición cercana a la muñeca de disparo.

- La mano izquierda después de la liberación permanece en el lateral, en el sitio en que se soltó del balón.

"Un tiro con buena base en la sujeción del balón es un tiro fácil de mejorar"

La flexión de las rodillas. Las rodillas se flexionan en trayectoria descendente vertical quedando en un plano más interior que la apertura de los pies. Esta aproximación de las rodillas se acentúa cuando el jugador efectúa una parada tras carrera.

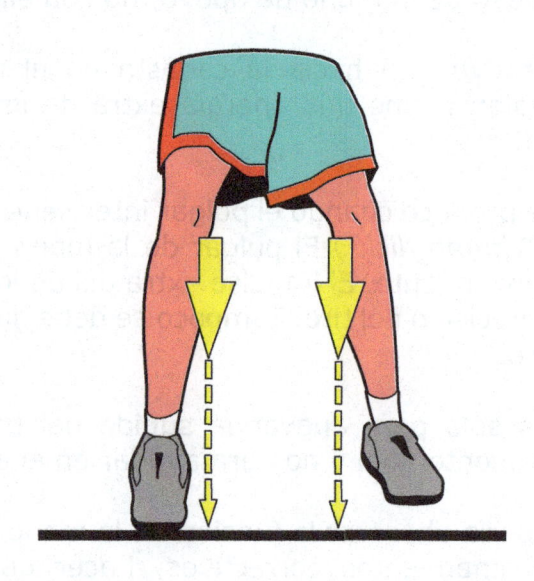

- Las rodillas no siguen la dirección de los pies. Si alguna de las rodillas siguiera la dirección del pie es señal de una carga inadecuada del peso del cuerpo.
- El peso del cuerpo se distribuye equitativamente entre ambos pies.

Los hombros. Es importante controlar la posición de los hombros.

El jugador estará en una posición excesivamente envarada si mantiene los hombros en su posición natural.

Los hombros deberían estar ligeramente adelantados hacia el interior Esta posición proporciona al jugador la posibilidad de "presentar el balón" de forma cómoda, en posición flexionada.

Cualquier alineación exagerada (balón en posición lateral para alinearlo con el hombro, segmento del antebrazo en línea con la canasta con el codo cerrado, etc.) perjudicarán el buen tiro, cuya premisa fundamental es la comodidad a resultas de aplicar la lógica biomecánica.

Alineación. En la fase de ajuste el balón se alinea con la línea del ojo dominante, de forma natural y altura adaptada a cada jugador.

En esta posición, el jugador ya está listo para realizar el tiro.

- Los pies estarán apuntando hacia la canasta.
- El balón sigue a los hombros, y los hombros siguen a los pies.
- El dedo índice es el punto de referencia.
- Centrar la atención en la línea de tiro y corregirlo hasta que se haga bien.

En las primeras etapas formativas hay que hacer ejercicios que permitan al jugador cuadrarse bien para el tiro.

En los dibujos (Fig. 7) se representan la fase de elevación del balón hasta la línea del ojo dominante (ojo derecho) Obsérvese que la línea del brazo y la línea del ojo no tienen el mismo ángulo, por lógica. Esta desviación estará entre 8 y 10 grados y se reduce con el giro. La línea del ojo y la mano se encuentran al final del lanzamiento.

Fig. 7

El ojo dominante. El dominio ocular es la prioridad de un ojo u otro en cuanto a preferencia de uso o agudeza visual. Hay muchos factores que intervienen en la determinación del ojo dominante y se remonta a la función del cerebro. Ambos hemisferios del cerebro juegan un papel en el funcionamiento de los ojos, pero cada hemisferio del cerebro controla una parte determinada de cada retina. El factor principal en la visión es la corteza visual, que es la parte de la corteza cerebral que procesa la información visual.

Cada lado del cerebro contiene su propia corteza visual. El hemisferio izquierdo del cerebro recibe información del ojo derecho y el hemisferio derecho recibe información del ojo izquierdo. El ojo que tiene más conexiones neuronales con el cerebro define el ojo dominante, por lo que existe una posibilidad, muy pequeña, de que un individuo no tenga un ojo dominante.

Cada jugador tiene un ojo y una mano dominante y esto se puede determinar muy fácilmente. La mano dominante es la capacidad de usar la mano derecha o izquierda mejor que la otra. La mano dominante en las personas se puede decidir a una edad muy temprana y no existe un razonamiento de por qué desarrolla esa función. La mayoría de la población domina la mano derecha y esto hace que ser zurdo sea un bien valioso, especialmente en el baloncesto. Una condición aún más rara es la ambidestreza, que es capacidad de usar ambas manos con igual habilidad.

La coordinación ojo-mano juega un papel importante en el baloncesto para lanzar a canasta, recibir, driblar y pasar el balón. La coordinación ojo-mano es probablemente más vital en el lanzamiento a canasta porque el jugador debe alinear su tiro con su línea de visión dominante para lanzar el balón con la máxima precisión.

El jugador dispara a canasta a través de su ojo dominante. Debería averiguar cuál es su ojo dominante ya que afectará a la posición del balón en el tiro. El dominio de la mano y el ojo generalmente se correlaciona entre sí.

Los jugadores que tienen un dominio visual opuesto a su mano de tiro (dominio cruzado) pueden aprender a disparar con el mismo ojo que la mano que dispara. Pero hay muchos y muy buenos tiradores diestros con ojo dominante izquierdo. Recientes test de campo han demostrado que el dominio cruzado de la mano y ojo brinda una ventaja en los lanzamientos a canasta. Comienzan el tiro moviendo el balón desde el lado izquierdo y disparan a través del ojo izquierdo.

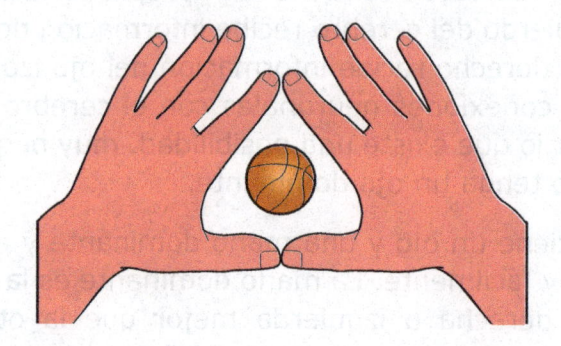

Descubre tu ojo dominante.

1. Extiende ambos brazos y crea un triángulo con las manos.
2. Centra un objeto en esta apertura con ambos ojos abiertos.
3. Sin moverte, cierra el ojo izquierdo y mira al objeto.
4. Repítelo con el ojo derecho.
5. El ojo con el que el objeto permanece centrado dentro del triángulo, es tu ojo dominante.

Los jugadores que tienen un dominio visual opuesto a su mano de tiro (dominio cruzado) pueden aprender a disparar con el mismo ojo que la mano que dispara. Pero hay muchos y muy buenos tiradores diestros con ojo dominante izquierdo. Recientes test de campo han demostrado que el dominio cruzado de la mano y ojo brinda una ventaja en los lanzamientos a canasta. Comienzan el tiro moviendo el balón desde el lado izquierdo y disparan a través del ojo izquierdo.

Liberación del balón. Las puntas de los dedos son los últimos contactos con el balón. Cuando el balón se impulsa adecuadamente, chasqueando las muñecas con el último contacto de las yemas de los dedos índice y corazón, se produce un giro hacia atrás del balón mientras se dirige hacia el aro. El movimiento de avance de la mano y los dedos dan un efecto de retroceso suave al balón mientras éste se desplaza hacia el aro.

Cuando el balón sale de la mano el jugador mantiene el seguimiento del balón, hasta que pasa a través del aro.

El brazo fuerte estará completamente extendido cuando el balón abandona la mano. El balón no será liberado hasta que el brazo fuerte esté completamente extendido.

Antes de llegar a la máxima altura del salto, el tirador gira la palma de la muñeca hacia delante. El jugador no debe estar demasiado tiempo en el salto sin lanzar a canasta ni demasiado poco. La acumulación de la fuerza generada alcanza su punto álgido en el instante en que el balón sale por la punta de los dedos.

Cuanto más alto se mantenga el balón, el jugador se convierte en más alto. La posición elevada del balón es especialmente adecuada cuando el jugador está cerca de la canasta.

Los jugadores altos cuya especialidad son los tiros cortos y medios tienden a preferir una posición más alta del balón que los jugadores exteriores por razones obvias.

El seguimiento del balón. El seguimiento puede afectar a la efectividad del tiro.

Es esencial fijarse en los siguientes puntos:

- Realizar el seguimiento del balón como si fuera la estela de un cometa: después de soltar el balón, el jugador *"mantiene el brazo extendido y la mano dentro de la canasta"*.
- No desplazar el brazo hacia un lado ni bajarlo antes de tiempo.
- Inmovilizar la mano de apoyo.
- Mantener la posición: es importante aterrizar y permanecer en el sitio del tiro por un breve segundo hasta que el tiro se haya acertado o fallado.
- Equilibrio en la caída: se debe aterrizar bajo control, con gran equilibrio, con los dos pies al mismo tiempo.

El ángulo de lanzamiento (Launch angle). El arco de la trayectoria del balón responde a las fuerzas aplicadas sobre él. El ángulo de elevación del brazo diestro y el impulso final de la yema de los dedos permite conseguir el adecuado ángulo en su caída hacia el aro. La trayectoria óptima es la que da lugar a que el balón entre en la canasta con adecuado ángulo de incidencia en correspondencia con el ángulo y velocidad del lanzamiento.

Lanzar el balón a canasta con una excesiva elevación es tan negativo como hacerlo en trayectoria baja de arco. La precisión del tiro aumenta cuando se lanza en un arco intermedio. El arco del balón en una trayectoria intermedia permite la precisión y el ángulo de incidencia adecuado respecto de la canasta. La incidencia para introducir el balón en el aro es más cerrada cuando el arco es menor. Cuanto más plano sea el tiro, menor será el área de superficie por la que debe pasar la pelota, y cuanto más alto sea el arco, más espacio tendrá para pasar la pelota.

¿Cuáles son la altura del arco y el ángulo del brazo de lanzamiento? Estos son inversamente proporcionales.

Cuanto más cerca el lanzamiento menos altura del arco del balón, pero mayor el ángulo de elevación del brazo. Cuanto más alejado el tiro, mayor altura en la elevación del balón, pero menor el ángulo del brazo.

¿En qué ángulo se eleva el brazo sobre la línea horizontal? En los tiros alejados de la canasta el ángulo de elevación del brazo debería oscilar alrededor de 60º sobre una supuesta línea horizontal.

- ¿Esta elevación se recomienda para todas las distancias? En absoluto. Para los tiros cerca del aro se recomienda que el jugador dispare desde la máxima extensión del brazo con la siempre deseable comodidad.
- Todos los buenos tiradores miran el vuelo de la pelota. ¿De qué otra manera pueden ajustar el arco si no ven la trayectoria del vuelo?
- El arco de caída será aprox. de 45º cuando el balón se impulsa desde un ángulo de salida de 60º
- Cuanto mayor sea el arco de la pelota, mayor será la posibilidad de que entre en la canasta.
- En el transcurso del tiro, el jugador debe mirar por debajo de la pelota, no por encima, para ver el objetivo.

Diversos ángulos de entrada del balón en la canasta:

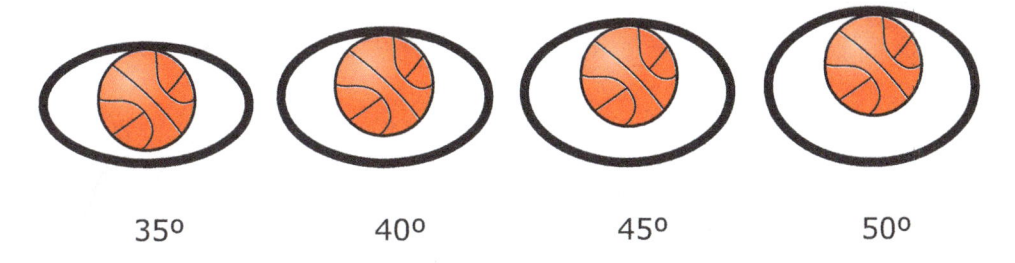

| 35º | 40º | 45º | 50º |

Cuanto más pronunciado sea el ángulo de entrada, más área tiene el balón para pasar por el aro. Se recomienda un ángulo de salida alrededor de 60º para que el balón tenga un ángulo de caída de al menos 45º.

La elevación del brazo con respecto de la horizontal varia en relación a la distancia. Lógicamente, en tiros cercanos al aro, el arco (la altura que alcanza el balón) es inferior a la que alcanza en tiros alejados y en contra el ángulo de elevación del brazo es mayor.

Para generar un arco adecuado debemos centrar la atención en la posición de las manos sobre el balón, en el punto de ajuste (punto de acomodo del balón antes del lanzamiento) y en el movimiento que el codo debe realizar a partir del punto de ajuste. Si queremos levantar el balón en el arco necesario necesitamos colocar la mano que tira debajo de la pelota, en su punto de ajuste (como una bandeja) para empujar el balón hacia arriba.

Hemos de asegurarnos de que tenemos el codo lo suficientemente bajo en el punto de ajuste establecido para poder levantar y crear un movimiento de elevación con el codo. Si el codo está demasiado alto en el punto de ajuste, no será posible una elevación de arco óptima.

Los tiros con una trayectoria de ángulo bajo, tiene un pequeño margen de error en la aproximación a la canasta, pero su ángulo de penetración es muy reducido.

Un arco demasiado elevado dificulta el control de las distancias. Cuando se dispara alrededor de un arco de 60 grados, las diferencias de fuerza solo darán lugar a ligeras diferencias en las distancias. Contra mayor sea el arco a partir de 60º (mayor incidencia en el ángulo de penetración del balón en la canasta) mayores serán las diferencias de la distancia.

Los ángulos del arco indicados son solo orientativos, pues existen diferencias entre los grandes tiradores.

La altura del jugador es una variable clave, ya que afecta al ángulo óptimo de lanzamiento; cuanto más alto sea un jugador, menor será el ángulo de lanzamiento óptimo.

Partes esenciales del tiro. Resumen. Al cerebro le es mucho más fácil diferenciar y detectar los errores cuando se tiene los conceptos separados. Estas son las 5 partes esenciales:

1. Pick up point (Recepción del balón)
   - La toma del balón es diferente en los tiros alejados que en distancias cortas. En distancias cortas el defensor está muy encima y el jugador debe tomar el balón y elevarlo rápido con las dos manos independiente del lado de control.
   - Turn. Los pies girados, no posicionados frente de la canasta. La ayuda a la alineación se produce con los pies girados desde el mismo momento de la recepción del balón.

2. Dip (Hundir)
   - Balón. Ya sea que se realice el tiro después de driblar o después de recibir el balón desde cualquier dirección, generalmente comenzará la elevación, tras el hundimiento del balón, a la altura de las caderas.

- Flexión. El hundimiento también afecta a la flexión de tronco y piernas sincronizados de forma fluida con el de brazos-balón.

3. Set point (Punto de ajuste) Diversas alturas dependiendo de las características individuales y la especialización:
   - Puntos de ajuste altos. Útil cuando los tiros son medios o cortos. El objetivo es alejarse en el salto lo máximo del defensor.
   - Puntos intermedios o bajos. Ayuda a aprovechar las fuerzas que se generan por la mayor flexión del codo. Es más rápido y eficiente en tiros alejados.

4. Release point. (Momento de liberación del balón) La diferencia de los modelos del tiro a canasta está relacionado con el momento de soltar el balón: si se produce al principio del salto o al final al alcanzar el jugador la máxima altura.

Muchos jugadores adoptan de niños el modelo de tiro con una pausa en la frente, con el codo flexionado a 90º, lo que a menudo es el resultado de practicar la "forma" desde ese punto en las etapas formativas. Cualquier pausa retrasará el lanzamiento (lo que hace que sea más difícil disparar bajo presión defensiva) y también reduce la potencia, lo que le creará problemas en su paso a canasta grande.
   - Control de la alineación óculo-manual.
   - Las yemas del dedo índice y corazón son los impulsores finales del balón. Los otros dedos intervienen como equilibradores, y tienen una participación pequeña en el lanzamiento final.
   - La mano de apoyo no interviene en el lanzamiento. La mano izquierda acompaña la subida del balón y no interviene en la impulsión del balón. Su función es acompañar, en el lateral del balón, hasta el momento de la impulsión.
     - Thumb flick. Algunos jugadores emplean "seis dedos" (Intervención del dedo pulgar de la mano de apoyo) Si no le crea problemas en la dirección del lanzamiento, no cambiar esa mecánica.

- El brazo fuerte se extiende completamente en el momento del lanzamiento. El impulso final del balón se produce con un golpe de muñeca, que hará rodar suavemente el balón en su trayectoria hacia el aro.

5. Launch angle. (Angulo de lanzamiento) El ángulo de elevación afecta a la efectividad. El ángulo depende de la distancia con respecto al aro. Contra más cerca, mayor elevación del brazo, pero menor arco.

   Un arco muy elevado es difícil de controlar con las yemas de los dedos, pero, si es muy bajo tiene mal ángulo de incidencia con respecto a la canasta.

El tiro en el juego colectivo.

Hay algunos conceptos tácticos que favorecen el tiro a canasta. El tipo de juego del equipo determina el tipo de tiros que realiza. Su aplicación podrá mejorar el porcentaje de tiros del equipo.

Inversiones del balón. Los mejores ataques invierten el balón de un lado al otro de la cancha hasta que haya la oportunidad de un 1x1 o buen tiro o. Si los jugadores retienen continuamente la pelota, o siempre buscan anotar con el drible, el equipo terminará lanzando tiros de bajo porcentaje. Esto no significa que el juego colectivo se limite a los pases. El baloncesto también es un juego individual, y los jugadores aplican sus destrezas como creadores, penetradores, en 1x1 o como tiradores.

Si el jugador recibe la pelota y no está liberado del defensor para tirar a canasta, debe hacer inmediatamente una de las siguientes acciones, a menos que juegue 1x1 en aislamiento *("iso")*

- Una de las opciones difíciles de defender son las inversiones rápidas del balón. Cuando el defensor tiene que recuperar la marca desde la ayuda *("close up")* abre oportunidades por posibles malos ajustes, falta de comunicación o malas rotaciones.

- Por ello, cuando un jugador recibe la pelota y no puede realizar un tiro, necesita mover el balón rápido hacia otro jugador de su equipo. Incluso, aunque esté en buena posición de tiro, es posible que sea preferible hacer otro pase porque hay un compañero con mayor ventaja.
- Atacar en el momento de la recepción: las inversiones del balón también abren otras opciones para atacar las malas recuperaciones defensivas: pase y corte y la finta de tiro seguida de penetración en drible.

Penetrar y asistir. Otra excelente manera de obtener tiros liberados es tener la capacidad de penetrar a canasta en drible y asistir. La penetración en drible hará que la defensa se cierre sobre el balón y permitirá tiros en buena disposición de tiro de los compañeros abiertos.

- Hombros a la canasta: el jugador que dribla en penetración debe mantener los hombros frente a la canasta. Debe ser una amenaza para que la defensa cierre en ayudas.
- Si ataca la pintura con su cuerpo hacia el jugador al que va a pasar la pelota, alertará a la defensa y no ayudarán. El pase debería ser imprevisible.
- El pase no es una acción técnica. No hay normas. Solo en las etapas formativas se aconseja entrenar modelos adaptados a determinadas circunstancias.
- En el buen pase influye la dirección y la oportunidad. Si se limita a formas y modelos concretos es señal de que el jugador no tiene la suficiente capacidad creativa que está ligada a la percepción espacio-tiempo. El jugador puede pasar el balón con los pies en el suelo o saltando, con una mano o con las dos. Dependerá de múltiples circunstancias. El éxito de la acción definirá al jugador creador (jugador base) En los pases picados es recomendable mantener el equilibrio en el suelo, en stop, pero no es posible en otros casos.

- El rendimiento en los tiros de tres ha modificado muchos conceptos. En la actualidad el drible en penetración ha adquirido un enorme valor. Esta acción atrae a los defensores y permite la liberación de los compañeros que podrán recibir el balón en buenas condiciones de tiro.
- Moverse para abrir líneas de pase: el posible receptor debe moverse para abrir carriles de pase y para distanciarse de las ayudas de su par defensor.
- No retener el balón: el balón siempre vivo. El jugador que recibe el balón tiene dos opciones individuales de acción inmediata: el tiro o el drible 1x1. Si recibe el balón y no toma una de estas dos decisiones, los compañeros no sabrán a qué atenerse, si moverse para tratar de recibir el balón o abrirse para aislarle en un 1x1.

Situación dentro-fuera. Cuando la pelota llega a las manos de un jugador interior, en posición de poste bajo, provoca que los defensores se hundan para ayudar. Un pase de vuelta a posiciones exteriores puede permitir un tiro liberado de su marcador.

- No quedarse quieto: una vez que el balón se pasa al poste bajo, es importante que el pasador se mueva. Debe hacer una de las siguientes opciones: moverse hacia arriba o hacia el fondo de la cancha, corte a través o bloqueo indirecto a un compañero de su equipo. Estas acciones crearán espacio tanto para el jugador exterior como para el jugador del poste bajo. Si el pasador no se mueve, su defensor puede crear problemas al jugador situado en poste bajo y luego recuperar la marca a tiempo si el balón regresa al punto de inicio.

Lado débil: los jugadores opuestos a la acción también deben moverse. Los jugadores del lado débil también pueden usar alguna de las acciones anteriores.

Movimiento de los jugadores. Los cortes. Cortar a canasta es importante porque ayuda al ataque a abrir los espacios y permite poner en acción las habilidades técnicas de los jugadores para armar el tiro. El corte hace que los defensores presten atención a cada jugador en la cancha en lugar de concentrarse en las ayudas.

Conceptos específicos. La aplicación de Conceptos Específicos tácticos (Pick and roll, pop, out e Indirectos) pueden proporcionar ventajas momentáneas para armar el tiro.

Recepciones, paradas y apoyos.

La parada es la acción de detener el desplazamiento de forma equilibrada y controlada. Para una buena recepción del balón es fundamental la coordinación entre el pasador y el receptor del balón. El pasador debe realizar un buen pase en ángulo, dirección y tiempo. Por lo tanto, no es tanto un problema técnico sino estratégico que se mejora con ejercicios en oposición.

Todo buen tirador se basa en una mecánica sólida. Cada parte del cuerpo trabaja en colaboración de todos los segmentos del cuerpo, con diferentes funciones, para lanzar correctamente el balón a la canasta.

Los tres factores mecánicos más importantes para ejecutar un tiro en suspensión perfecto son:

- Postura. Las piernas te darán la potencia y consistencia para el tiro.
- Alineación. Apunta los pies en dirección a la canasta.
- Posición de las manos. El balón se agarra inmediatamente en presas invertidas.

La recepción del balón para encarar el aro y armar el tiro rápido estará condicionada por diversos supuestos: en el sitio sin problema de presión, contra diferentes niveles de presión a la línea de pase, desplazamiento corto y velocidad moderada, carrera a la máxima velocidad, ángulo de la carrera con respecto a la línea de pase, distancia respecto a la canasta, etc.

Es importante que el jugador sea capaz de controlar los apoyos adecuados para maximizar las opciones siguientes:

- Realizar la parada más apropiada para frenar las cargas y obtener el mejor equilibrio.
- Ganar espacio con respecto al defensor.
- Anticipar y orientar las posibles continuaciones tras la recepción del balón.
- Utilizar las propiedades musculares reactivas.
- Elegir el modelo que Favorezca la realización de un tiro rápido.

Tras la recepción del balón los pies están directamente comprometidos en la eficacia del tiro a canasta. Intervienen diversos factores: distribución, orientación, tiempo, percepción del entorno, etc.) El jugador deberá crearse espacios antes de recibir el balón para tirar a canasta desde su rango de eficacia.

Dividimos las recepciones del balón en un *tiempo y en dos tiempos*. La inclusión del *"paso 0"* abre una serie de opciones para realizar las paradas. No obstante, su utilidad tiende a dar ventaja espacial pero no en tiempo. La velocidad para armar el tiro, en las mejores condiciones de equilibrio, es prioritaria.

Después del desplazamiento en carrera hay dos métodos para parar en buena posición de equilibrio.

Con la *"parada de salto o en primer tiempo"*, salto con un pie y toma de contacto con ambos pies al mismo tiempo en paralelo o en posición escalonada. Se podrá utilizar cualquier pie como pivote.

Con la *"parada de dos tiempos"*, el primer contacto se encarga de frenar el impulso antes del contacto del segundo pie con el que se obtiene el equilibrio.

Al recibir el balón, con la *"parada en dos tiempos"*, el pie que contacta primero es el pie pivote.

Con la aplicación del *"paso 0"* se dispone de un apoyo extra útil para distanciarse del defensor. Ejemplos: *"Step back"* y *"Side step"*.

- Mantener la cabeza arriba y centrada sobre el cuerpo con las rodillas dobladas.
- No doblar la cintura. Adquirir un buen equilibrio con una amplia posición básica.
- Tener controlado el espacio de parada.
- Visualizar el tipo de control del balón.
- Decidir el modelo de parada.
- Coordinar los apoyos.
- Identificar el pie de pivote.

Recepción del balón en un tiempo.

La parada en un tiempo se produce cuando el jugador recibe el balón con los pies apoyados a la vez en el suelo, por lo que podrá pivotar con cualquiera de los dos pies.

Con un salto de poca elevación los dos pies se apoyan en el suelo, al mismo tiempo, en un mismo plano frontal o con un pie ligeramente más adelantado, separados a una distancia similar a la de los hombros y con las piernas flexionadas por las rodillas.

Recepción en el sitio. Cuando la recepción del balón es en posición estática, (fig. 8, 9 y 10) consecuencia de una presión débil del defensor, el jugador podrá optar a diversas acciones, entre las cuales destaca la recepción con pequeña elevación del centro de gravedad (salto) con dos objetivos:

- Utilizar los efectos reactivos que ofrece las contracciones musculares (ciclo de contracción excéntrico-concéntrica)
- Disponer de la opción de disponer de cualquier pie pivote a conveniencia.

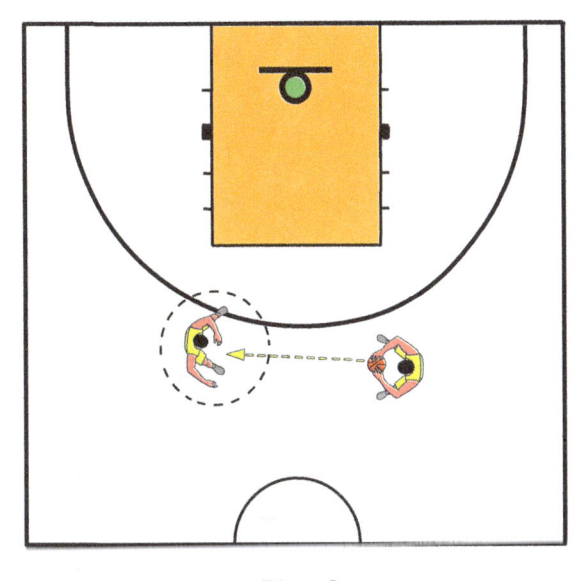

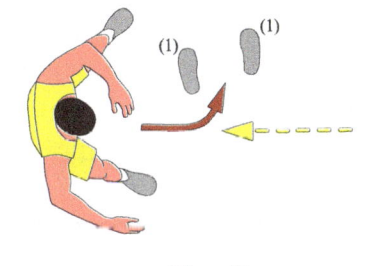

Fig. 8

Fig. 9

Fig. 10

En las fig. 11, 12 y 13 se representan la recepción estática de espalda a la canasta, en posición de Poste Bajo, con pequeño salto a primer tiempo, en la posición de Poste Bajo.

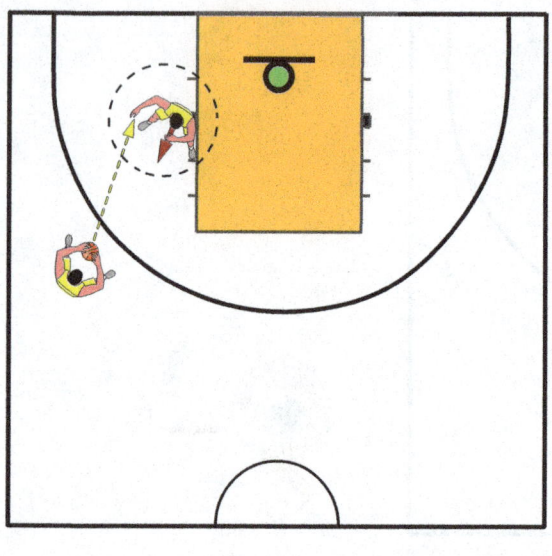

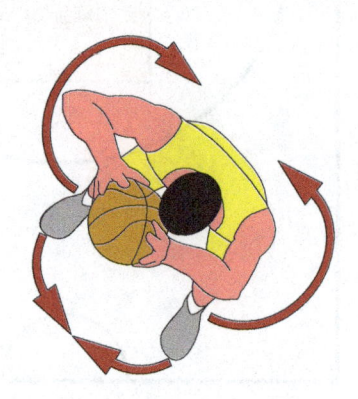

Fig. 11

Fig. 12

Recibido el balón en primer tiempo, el jugador dispone de múltiples giros para encarar la canasta. (Fig. 12)

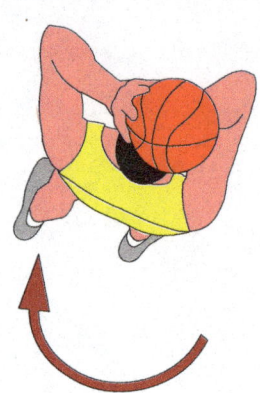

Fig. 13

En la fig. 13 el jugador gira en pivote frontal para armar el tiro a canasta. El objetivo de la posición de los apoyos es, fundamentalmente, de protección del balón, por lo que el jugador no debe situarlos en posición básica frente a la canasta.

El jugador deberá dominar el tiro desde diferentes ángulos siempre que cumpla las normas básicas: equilibrio, coordinación, comodidad y, en este caso, protección del balón necesario ante la cercanía del defensor.

La recepción en parado de los jugadores interiores tiene el problema de la cercanía del defensor, por lo que un paso en reverso (hacia atrás), cuando proceda como consecuencia de diferencias físicas respecto a su defensor, abre opciones diversas: mejora la perspectiva del campo para pases interiores en triangulación o en inversión, para armar un tiro y atacar la reacción de su defensor en el 1x1.

El paso atrás en reverso para tirar en suspensión no es muy recomendable en posiciones alejadas de la canasta (no hablamos del movimiento *"Step back",* pero en distancias cercanas a la canasta es buen tiro pues no perjudica el equilibrio.

En las fig. 14, 15 y 16 se representan la recepción estática de espalda a la canasta, con pequeño salto a primer tiempo, en la posición de Poste Alto.

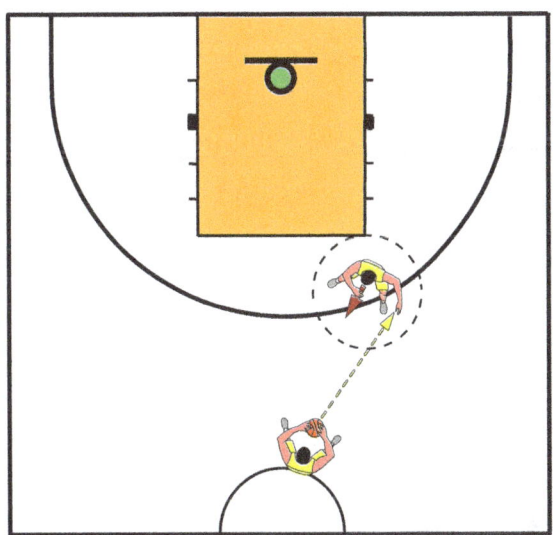

Fig. 14

Fig. 15

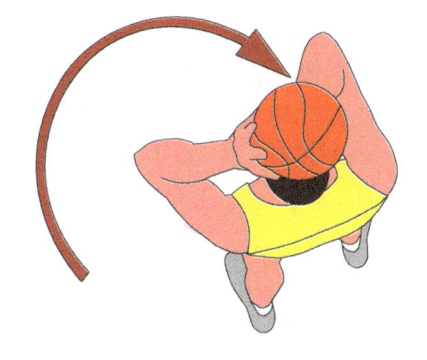

Fig. 16

En la fig. 16 el jugador gira en reverso para armar el tiro a canasta. Con el giro en reverso el jugador ataca el espacio del defensor de forma rápida y directa. En el dibujo, el jugador diestro pivota con su pie izquierdo. Atención a la protección del balón.

Recepción del balón con parada en dos tiempos.

Se realiza alternando el apoyo de los pies en dos tiempos sucesivos. El apoyo del primer pie amortiza la inercia del desplazamiento. El contacto se produce con el talón y se traslada después a la parte delantera del pie. Con el segundo apoyo el jugador consigue el equilibrio necesario para armar el tiro repartiendo el peso del cuerpo entre ambos pies.

Los pies estarán separados a una distancia similar a la de los hombros, con las rodillas flexionadas. La posición básica ideal, pie derecho adelantado con respecto al pie izquierdo orientado hacia canasta (jugador diestro) no siempre es posible pues la velocidad y la protección del balón son prioritarias.

El jugador puede utilizar tipos diferentes de parada en dos tiempos al recibir el balón:

- Primero el apoyo de un pie y después el otro pie.
- Dos pies apoyados y después apoyo de un pie.
- Primero el apoyo de un pie y después apoyo de los dos pies.

El dibujo 17 representa el tiro en suspensión con una parada de salto en dos tiempos.

El jugador atacante, perseguido por su defensor, se beneficia de un Bloqueo Indirecto Vertical.

Utiliza una parada de salto a dos tiempos para tirar a canasta en suspensión.

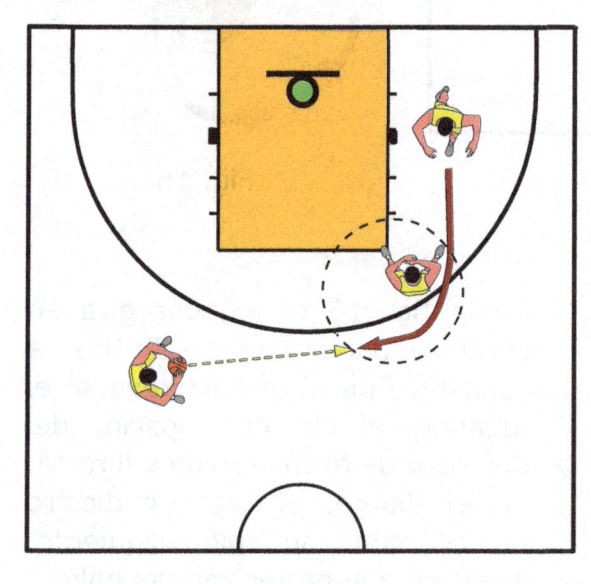

Fig. 17

El equilibrio es una condición indispensable para realizar un tiro en suspensión eficaz. Las paradas a dos tiempos se corresponden con los desplazamientos a alta velocidad.

En el detalle de la fig. 18 el jugador recibe el balón al tiempo de contactar el pie derecho en el suelo (1). Este mismo pie es el impulsor para realizar el salto previo a la parada. Esta parada, antes del salto en suspensión, se produce con apoyo de los dos pies al mismo tiempo (2).

La posición básica deberá adecuarse a la destreza del jugador.

La posición básica alcanzada por este jugador debería ser con el pie derecho delante del izquierdo (fig. 19) alineando cómodamente pie, cadera, codo del brazo derecho y balón. Es la posición de tiro ideal, alineando el balón con la canasta desde la posición de batida.

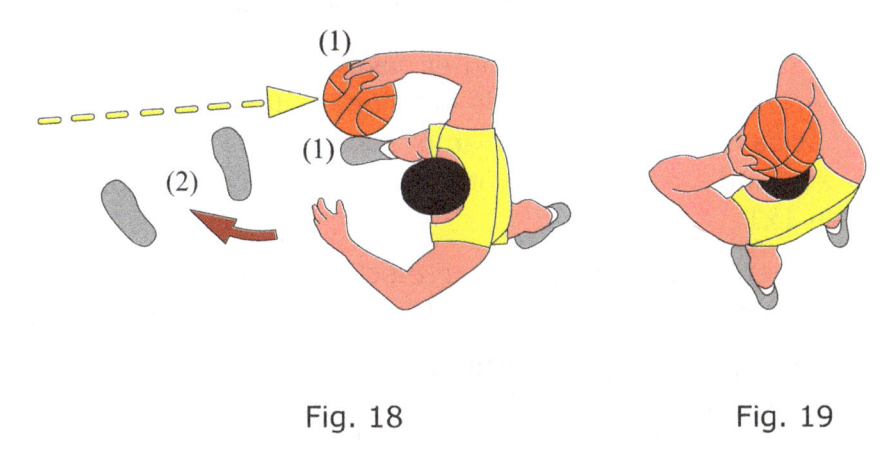

Fig. 18   Fig. 19

Fijar el pie pivote. Opción en semi-estático: el jugador diestro avanza el pie derecho en dirección al balón.

Recibido el balón, el pie derecho vuelve a la posición básica con lo que el pie izquierdo actúa como pivote. (Fig. 20 y 21)

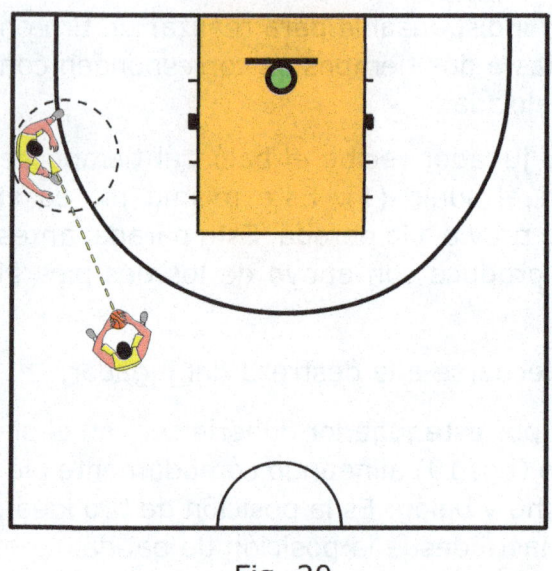

Fig. 20 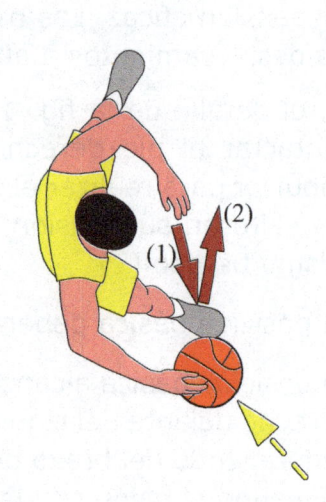   Fig. 21

La recepción del balón coincide con el paso del pie derecho (1) en dirección hacia el pasador. Recibido el balón, el jugador recupera la posición básica con paso del mismo pie derecho (2) y el pie izquierdo actuando como pie pivote, con el objetivo de atacar al defensor en 1x1.

Las fintas de penetración y de tiro son efectivas con el pie izquierdo como pivote en los jugadores diestros (tiradores con mano derecha)

Recepción simple en dos tiempos. La parada en dos tiempos (fig. 22 y 23) es un modelo tradicional. Al recibir el balón dirigido a su hombro interior (hombro derecho), el jugador alarga el paso del pie derecho coincidente con la dirección del pase. Con este primer paso (1) la pierna frena el impulso del desplazamiento, por lo que deberá ser más largo de lo habitual.

Con el segundo paso izquierdo (2), el jugador obtiene el equilibrio necesario para realizar el tiro en suspensión (posición básica), con el pie derecho adelantado con respecto al pie izquierdo y alineado en lo posible con la canasta (la velocidad es prioritaria) y una distancia entre pies similar a la distancia entre los hombros.

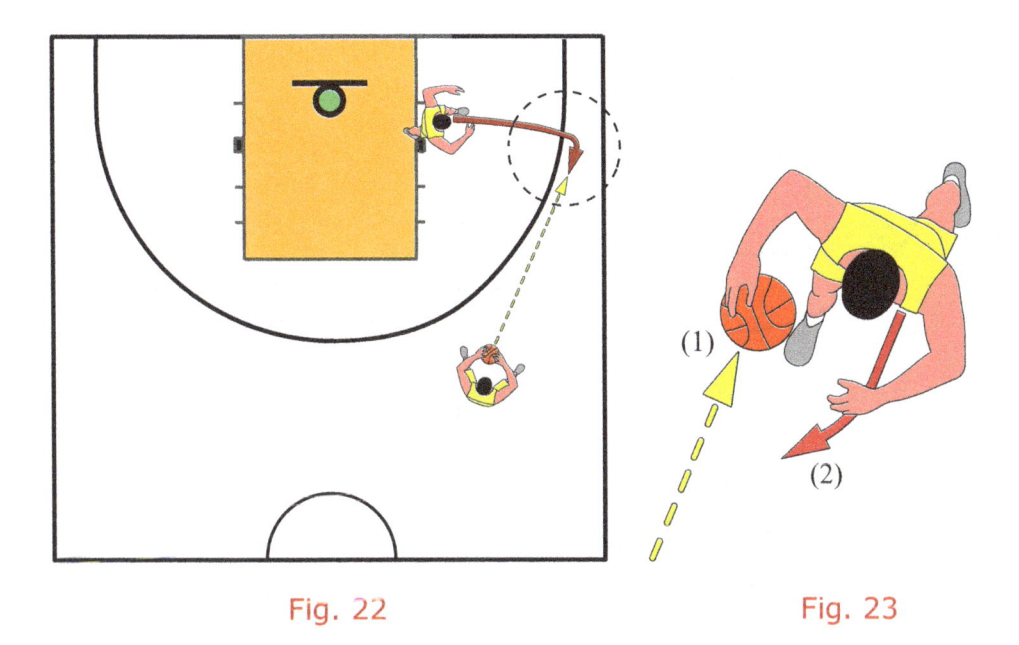

BALONCESTO. EL TIRO A CANASTA   José L. EREÑA DOMÍNGUEZ

Fig. 22   Fig. 23

La velocidad en armar el tiro con los apoyos listos para el salto será siempre prioritaria, pero la posición básica con los pies alineados con la canasta antes del salto no siempre es posible. Pero no debería afectar al tirador avezado. Si fuera necesario, con un pequeño giro el jugador conseguirá esa necesaria alineación.

En el salto, el jugador deberá realizar la extensión atendiendo a los principios fundamentales del tiro en suspensión:
- Equilibrio
- Concentración
- Verticalidad
- Alineación

Este mismo modelo de parada se realiza con el jugador en carrera vertical hacia la canasta. (Fig. 24)

Fig. 24   Fig. 25

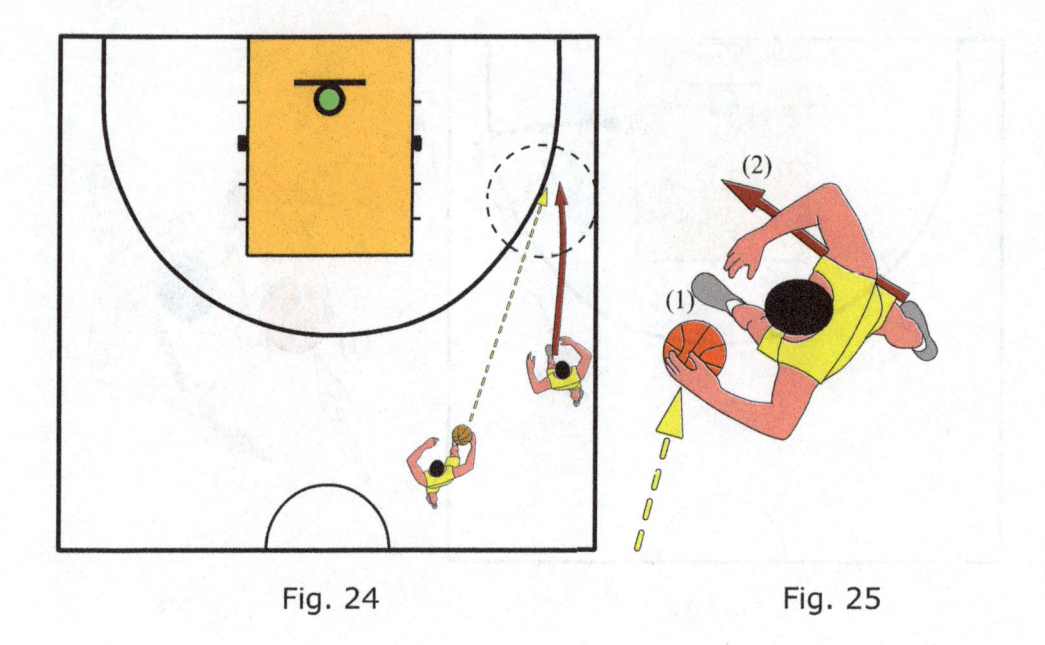

En la fig. 25 se detalla los apoyos en dos tiempos.

Recibido el balón, el jugador efectúa el primer paso (izquierdo) con el que frena el impulso de la carrera (1) y termina equilibrando la posición con el paso de la pierna derecha (2)

Parada abierta en dos tiempos. *Side step".* Este modelo de parada se utiliza de forma general después de trayectos cortos, es decir sin una necesidad de frenada fuerte consecuencia de una carrera veloz (Fig. 26, 27 y 28)

En la fig. 27 se muestra cómo el jugador alarga el paso del pie izquierdo (1) hacia el balón. Un segundo paso (2) permite armar el tiro desde la posición básica en equilibrio, con el pie derecho adelantado al pie izquierdo (fig. 28)

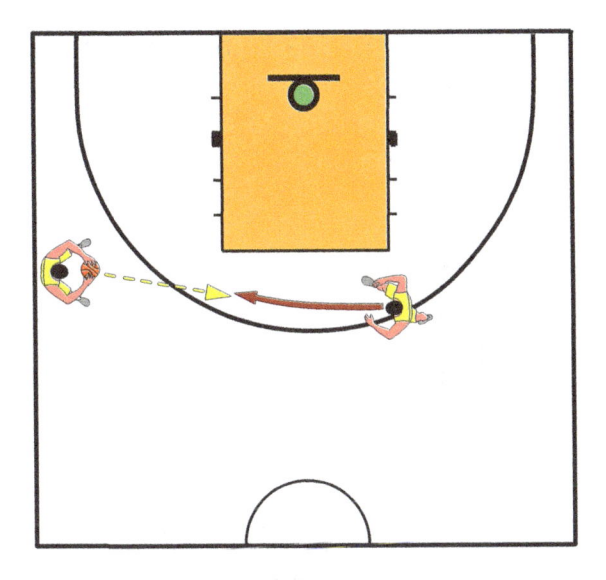

Fig. 26

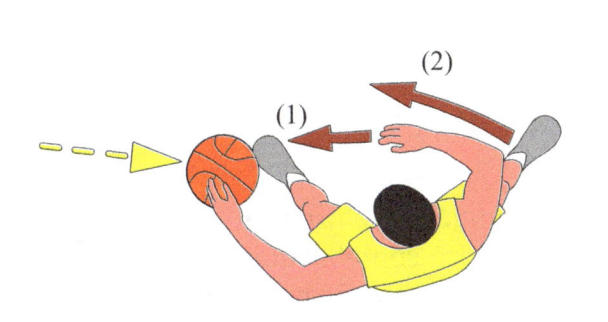

Fig. 27

Fig. 28

Un segundo ejemplo de parada "*side step*" se muestra en las figuras 29 y 30. En ellas el jugador abre espacios al compañero portador del balón, seguido de pasos deslizantes frente a la canasta (pasos defensivos) a la espera de la llegada del balón.

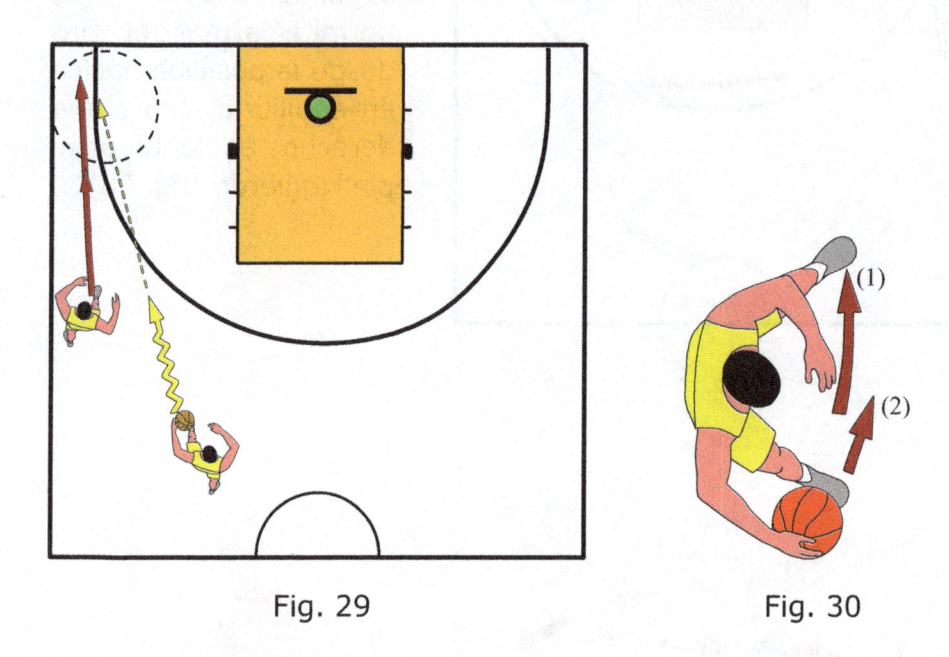

Fig. 29   Fig. 30

Tras la recepción del balón, el jugador alarga el paso del pie izquierdo (1) y termina de armar el tiro con el segundo paso del pie derecho (2) Es una forma de parada para armar el tiro rápida y económica.

Parada abierta con paso "0". La característica principal y base para utilizar el paso 0 es el espacio, técnica que permite alejarse del defensor con un apoyo extra. En las fig. 31, 32 y 33 se representa este modelo de recepción.

Fig. 31

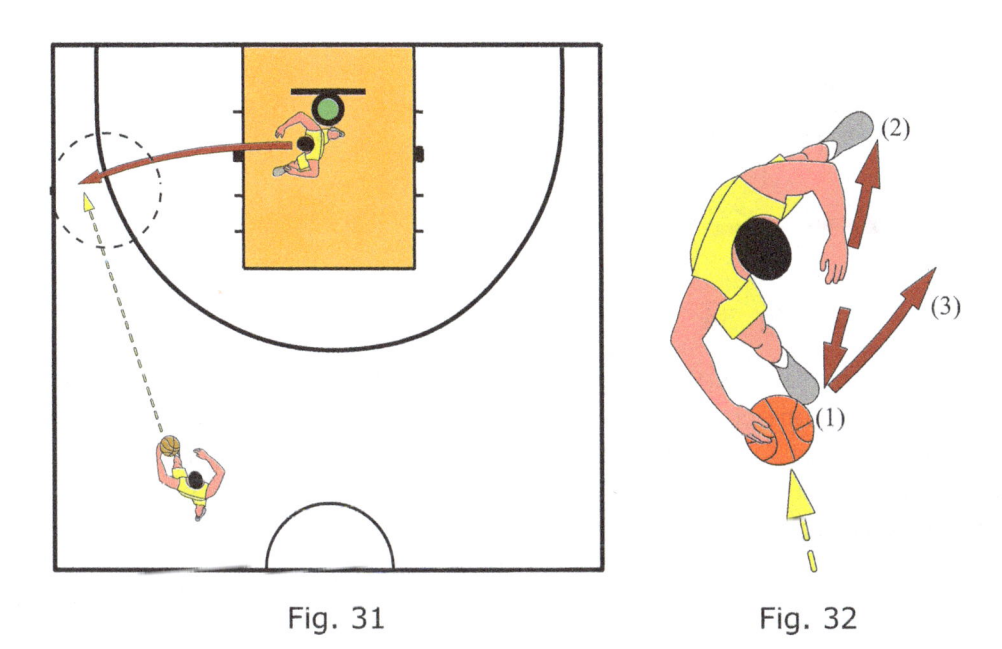

Fig. 32

Fig. 31, 32 y 33. El jugador recibe el balón apoyando el pie derecho (1) en el suelo (Paso 0). Le sigue el apoyo del paso abierto (2) del pie izquierdo (pie pivote) y termina por armar el tiro con el paso del pie derecho hasta la posición básica (3).

Fig. 33

Parada "*step back*" con paso "0". Terminamos este recorrido por las recepciones para tirar a canasta con este modelo de *"step back"* semejante al patrón anterior.

Fig. 34   Fig. 35

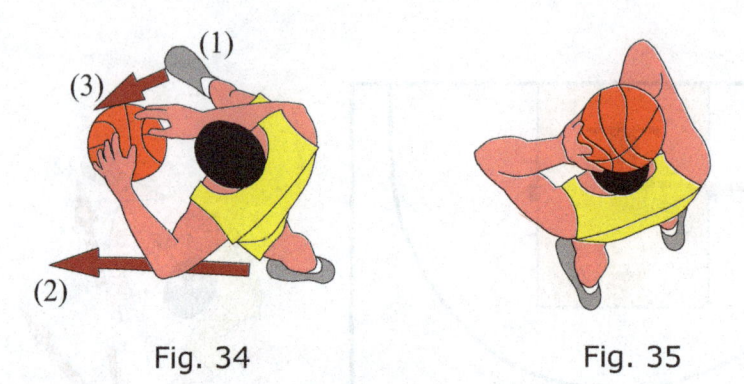

En referencia al desplazamiento de la fig. 26, el jugador, esta vez, apoya el pie derecho (1) al tiempo de recibir el balón (paso 0). Acto seguido apoya el paso del pie izquierdo (2) como pie pivote y termina con el paso del pie derecho frente a la canasta para armar el tiro (Fig. 34 y 35)

Entrenamiento

La preparación técnica se orienta al aprendizaje de gestos, estilos y hábitos precisos de la especialidad deportiva adaptados a las características biotipológicas del individuo para dotarle de la máxima capacidad y aptitud según las exigencias mecánicas de cada movimiento.

El aprendizaje se conoce como la adquisición de un hábito preciso que permite al deportista realizar una tarea determinada. El medio preciso que permite la adquisición de ese hábito es el ejercicio. A través del ejercicio el individuo va adquiriendo el control de sus funciones. El movimiento voluntario para que sea útil ha de tener cualidades de precisión, flexibilidad y fuerza y debe estar constituido por la suma de movimientos simultáneos gracias al automatismo.

Dominar a la perfección una técnica concreta supone llegar a una madurez psicomotriz muy elevada. La perfección de las acciones motoras depende de cuáles son los movimientos que las forman y cómo están estructurados.

Para ello es necesaria la educación de movimientos básicos y progresar hasta llegar a la perfección motriz a través del entrenamiento específico.

El estereotipo del gesto técnico constituye un proceso motor dirigido, en el que el aprovechamiento dosificado y regulado de las capacidades físicas tiene lugar en un tiempo determinado. El perfeccionamiento técnico solo es posible mediante el análisis de las técnicas actuales y la posterior elaboración de nuevas técnicas más racionales, con el conocimiento de las acciones motoras y la forma de realizarlas siguiendo los principios biomecánicos, y con la mejora de las capacidades físicas.

El perfeccionamiento del gesto motor depende, además de la ejercitación técnica, de la observación de la exacta secuencia del movimiento, del análisis de sus fases, de la interiorización de las mismas y la visualización del esquema corporal.

A través del entrenamiento del tiro, el cerebro computa la cantidad y la dirección exactas de fuerza necesaria para alcanzar el blanco. Siempre que practiques el tiro por tu cuenta, tendrías que apuntar el número de tiros que se tiran y los que se encestan. Esto te ayudará a progresar.

- Desarrolla tu propio tiro y entrénalo desde distintas posiciones desde donde probablemente tirarás durante el partido.
- Una vez tengas perfeccionado el tiro trabaja en tirar con rapidez.
- El entrenamiento es la base para construir tu confianza. Debes tener confianza en tu propia habilidad para ser un buen tirador.
- Durante el entreno y los partidos no tires forzado. Mantén el equilibrio.
- Durante el tiro permanece muy concentrado.

"El tiro es el fundamento que se mejora siempre"

No existen dos tiradores iguales. Cada jugador aprende de forma diferente. Para que un aprendizaje sea significativo se necesita que las experiencias vividas por cada uno vayan relacionadas. No se puede enseñar a todos los jugadores por igual. Esto quiere decir que en algunos ejercicios los jugadores hagan tareas especiales, adecuadas a sus necesidades individuales. Y eso es muy difícil. En un entrenamiento debe haber ejercicios comunes y otros particulares, individualizados. En este tipo de entrenamiento el jugador está muy receptivo porque le estas prestando toda tu atención en su mejora técnica, su mejora personal.

El problema de la técnica individual es ir a acciones específicas. El pase de pecho, igual que el tiro a canasta, no es una acción; es un patrón de movimientos.

No hay dos tiradores iguales; en los mejores tiradores del mundo está demostrado que hay un nivel grande de variabilidad intra-sujeto que aparentemente parece no haberla.

Ir a acciones técnicas específicas tiene resultados relativos. Está en la pugna entre la acción técnica y el estilo. La acción técnica se debe basar en la lógica biomecánica adaptada a la circunstancia particular de cada sujeto. En este aspecto intervienen de forma particular la morfología, la madurez física, la etapa formativa, etc.

Hay que ir a patrones del comportamiento y dotar al jugador de mecanismos que le permitan adaptarse. Como entrenadores debemos animar a los jugadores en todos los entrenamientos, cuando son pequeños y cuando son adultos, a esa respuesta adaptativa.

Entrenar con buena técnica. El entrenamiento de los tiros a canasta no ayudará a los jugadores con mala técnica. El entrenamiento con técnica incorrecta da lugar a malos hábitos que serán difíciles de cambiar. Las modificaciones afectan normalmente al control del balón, a la posición de las presas, al movimiento de la muñeca de tiro y la alineación del cuerpo.

El éxito en el lanzamiento de los tiros es consecuencia de la aplicación de una técnica adecuada, rutina y mucho entrenamiento. Ejecutando los mismos movimientos miles de veces y utilizando la técnica adecuada el jugador dispondrá de un tiro sólido.

La rutina, la relajación y el ritmo contribuyen a la concentración y dan confianza. El ritmo y la suavidad en el tiro son aspectos muy importantes y necesitan de mucho entrenamiento.

"Los tiradores no nacen, se hacen"

Si un jugador no utiliza la técnica correcta en el lanzamiento a canasta las horas de práctica son perjudiciales porque con cada tiro a canasta el jugador está automatizando la técnica equivocada. El primer paso en la enseñanza de los jugadores para tirar a canasta es enseñarles la forma correcta.

Cualquier individuo puede tener un buen tiro a canasta si está dispuesto a admitir que debe mejorar, tiene el conocimiento técnico adecuado y se compromete a entrenar hasta mecanizar el gesto.

Puesto que en la mayor parte de las sesiones de práctica de tiro el jugador está solo, **cada jugador debe ser su propio crítico**. Esto significa que **debe conocer los mecanismos apropiados del tiro** que afectan al éxito o al fallo en su realización. Cada jugador debe saber sus capacidades técnicas y **saber qué es un buen tiro** aprendiendo a practicarlo correctamente y, en consecuencia, a mejorarlo.

Los jugadores deben de saber por qué falla los tiros frecuentemente. Sólo saben que no encestan lo que quisieran una vez analizados los porcentajes controlados en las estadísticas. Desafortunadamente los entrenadores no enseñan a sus jugadores cómo analizar su tiro.

Recuerda el dicho, **"Si das un pescado a un hombre comerá un día; si le enseñas a pescar comerá siempre"**

Los jugadores deben ser capaces de evaluar por qué fallan los tiros. Si no lo saben, hay poca esperanza de que sean buenos tiradores. Cuanto más pueda concentrarse el jugador en los detalles del tiro más hábil y eficiente se volverá. Solo consiste en poner el esfuerzo y el tiempo para hacerlo.

Los detalles son ajustes menores. Todo lo que tiene que hacer el jugador es dedicar tiempo para aprender las claves que cimientan los buenos tiros.

Desde la preparación del tiro hasta el seguimiento del balón, el jugador debe asegurarse de cumplir las reglas en forma y técnica.

Algunos defectos son los siguientes:

- Equilibrio inadecuado, pies no alineados con respecto a la canasta.
- No mirar el blanco, no enfocar un punto del aro.
- No situar el codo debajo del balón en la fase de ajuste.
- Lanzar el balón después de alcanzar el punto alto de su salto.
- No extender totalmente el brazo al final del lanzamiento.

"Con el entrenamiento no se consigue la perfección; con el entrenamiento perfecto se alcanza la perfección".

Desgraciadamente la mayoría de los jugadores jóvenes desarrollan sus mecánicas de tiro en edades muy tempranas. Empezar pronto en el desarrollo del tiro en suspensión es un error. Si es afortunado tendrá buenos entrenadores para ayudarle a enfocar su fuerza en vías de desarrollar el tiro con la técnica motriz correcta adaptada a su edad. Pero ocurre que a menudo el entrenador no presta atención a la mejora técnica, es demasiado tarde para corregir vicios técnicos o los diferentes entrenadores por los que pasa el jugador en las etapas de formación no coinciden en sus conocimientos técnicos y dan al jugador informaciones diferentes. Los resultados son frustración y desilusión.

Si un jugador tiene seis errores en el tiro no se debe corregir todos. Cambiar uno o dos.

Es importante saber priorizar los aspectos técnicos que hay que cambiar. Si se intentara cambiar todos, el jugador perderá confianza.

Pero si la técnica de tiro es mala y se ha mecanizado, la posibilidad de corregirla representa un problema. Puede necesitarse una cantidad considerable de tiempo para corregirla, quizá de 1 a 2 años, lanzando 300 veces al día.

El tiro se mejora fuera de los entrenamientos de equipo. En el entrenamiento de equipo puede jugar bajo presión, puede aprender a tomar decisiones, pero la mecánica del tiro y la repetición para hacer los tiros mecánicamente se consigue con un volumen de práctica solo posible fuera del entreno en grupo.

Cuando los jugadores han adquirido el hábito correcto, se puede ejercitar de forma competitiva sobre todo para romper la monotonía del entreno. Pero es mejor contar el porcentaje de aciertos en los lanzamientos y reconocer el rango del tiro. No basta con hacer 100 tiros o durante determinado tiempo. Es mejor contar los tiros lanzados y los convertidos.

Puesto que en la mayor parte de las sesiones de la práctica del tiro el jugador está solo, cada jugador debe saber sus capacidades técnicas, y saber qué es un buen tiro para mejorarlo y mecanizarlo a través del entrenamiento. Esto significa que debe conocer los mecanismos apropiados del tiro que afectan al éxito o al fallo en su realización.

Los buenos tiradores pasan horas interminables en la cancha para perfeccionar sus tiros y determinar la cantidad de fuerza del brazo fuerte y la elevación que necesita para lograr hacer la canasta.

Se trata básicamente del aprendizaje basado en el ensayo y error, de modo que la práctica es importante.

Los jugadores que tratan de mejorar su técnica y precisión a menudo se desaniman y vuelven a su viejo estilo; se sienten más cómodos con él porque han mecanizado erróneamente el tiro.

La modificación de los hábitos adquiridos exige gran disciplina y la práctica para reeducar la memoria muscular.

En la primera etapa formativa se recomienda que los jóvenes realicen tiros cortos al aro. Después podrán alejarse progresivamente de la canasta. Los tiros alejados realizados demasiado pronto pueden crear malos hábitos.

En esta fase el jugador deberá visualizar la adecuación de los segmentos implicados, que tenga control de su esquema corporal, de su percepción espacio-temporal, y que reconozca en sus tiros a canasta que el balón sale de las manos dando vueltas, no que el balón se enceste; eso es secundario. Si el balón va bien por el aire no hay problema.

En una primera fase el entrenamiento se realizará dando importancia preferente a la posición del cuerpo y al mecanismo del tiro. También en estas etapas iniciales es aconsejable que la mano de apoyo toque la muñeca fuerte en el tiro después de soltar el balón. Permite que el lanzamiento sea en equilibrio, sin que le pueda afectar ningún movimiento extraño además de evitar que el pulgar colabore en el lanzamiento *("Thumb flick")*

Posteriormente, en etapas intermedias, para mejorar su rango de tiro, podrá corregir la distancia entre las manos como consecuencia de implementar el lanzamiento con el giro o el *"sweep and sway"*.

- Se comenzará con tiros cercanos al aro, sin saltar y con una mano, con lo cual se logrará adquirir la plasticidad.
- Continuamos ejecutando tiros libres y pondremos énfasis en el agarre del balón y la verticalidad del cuerpo en el tiro.
- Después se realizarán tiros cercanos sobre bote y sin hacer pausas en la ejecución del tiro.
- Por último, a medida que se va mejorando en la coordinación y manteniendo la máxima economía de movimientos, se realizarán tiros cada vez más alejados.

- Posteriormente, los tiros se realizarán imitando las situaciones reales de juego y no como si de un lanzamiento libre se tratase.
- Lo importante no es la cantidad de horas que entrenes, sino la intensidad del entrenamiento del tiro a canasta. Será preferible que trabajes media hora diaria teniendo los objetivos claros.
- Practica todos los tiros sobre bote o en auto-pase, en todas las direcciones, y no entrenes el tiro de forma estática ni lenta.

Tres requisitos fundamentales en la enseñanza del tiro:

- La técnica. La atención deberá estar en los detalles del movimiento. Ésta es la parte más importante y más difícil porque cada jugador necesita ser controlado individualmente.
- La práctica en volumen. Implica tirar regularmente. Los jugadores aplican la técnica en tiros cerca del aro y después se alejan hacia atrás.
- La presión. La combinación de tiros y carreras, de forma semejante a las exigencias del juego, ayuda a mejorar los porcentajes en la competición.

Intensidad. Tirar es una cosa, pero tirar con la intensidad que exige el juego en situación real es otra.

El jugador debe entrenar la técnica del tiro con la intensidad del juego, en movimiento y cansado, porque es así como frecuentemente tirará en el juego real.

Muchos jugadores entrenan el tiro desde diferentes marcas descuidando una cadena entera de sucesos en el juego que conduce a esos lanzamientos. Por ejemplo, el jugador que entrena desplazamientos defensivos alternando con tiros libres, tiros desde drible y tiros desde marcas de diferentes distancias con recepción en movimiento va a tener mejores porcentajes en el juego que el jugador que practica los tiros estáticos.

La imaginación es importante cuando se entrena el tiro. Debe fingir ver la defensa y representar la mejor opción.

Por lo tanto, el jugador ha de imaginar la reacción del defensor a la finta, aunque el adversario no esté ahí, y repetir las acciones cuando juegue contra un adversario real. El entrenamiento refuerza los buenos hábitos enviando señales a los músculos para reaccionar a las situaciones previstas.

"Jugarás como entrenas".

Compromiso. La mejora del tiro no se produce de forma esporádica con la práctica exclusiva de los ejercicios en las sesiones del entrenamiento colectivo. La única manera de mejorar es que el jugador se comprometa a practicar por su cuenta en sesiones individuales al margen de las prácticas generales y fuera de la temporada.

Si el gesto no es el adecuado, los movimientos son desordenados y no se toma en cuenta que cada músculo implica posición, contracción o relajamiento, y el cuerpo se acostumbrará a hacerlo de esa manera.

El secreto del ejercicio eficiente no radica en repeticiones interminables sino en el entrenamiento apropiado, la intensidad consciente y la satisfacción, que transforman al ejercicio en un hábito permanente.

De nada sirve la repetición de un gesto técnicamente deficiente, pues se estará memorizando un gesto inadecuado. Es relativamente fácil fijar una memoria muscular, sin embargo, es difícil modificarla.

El entrenamiento de los tiros a canasta no ayudará a los jugadores con mala técnica. El entrenamiento con técnica incorrecta da lugar a malos hábitos que serán difíciles de cambiar.

Las modificaciones afectan normalmente al control del balón, a la posición de las presas, al movimiento de la muñeca de tiro y la alineación del cuerpo.

El éxito en el lanzamiento de los tiros es consecuencia de la aplicación de una técnica adecuada, rutina y mucho entrenamiento. Ejecutando los mismos movimientos miles de veces y utilizando la técnica adecuada el jugador dispondrá de un tiro sólido.

La rutina, la relajación y el ritmo contribuyen a la concentración y dan confianza. El ritmo y la suavidad en el tiro son aspectos muy importantes en el tiro libre y necesitan de mucho entrenamiento.

Objetivos de mejora. El jugador debe tener un objetivo concreto. Tener objetivos significa que el jugador debe marcarse metas y tratar de alcanzarlas. Debe marcarse metas para tratar de ser mejor de lo que era antes de iniciar un programa de entrenamiento. Cada vez que el jugador inicia una sesión de entrenamiento debería tratar de ser mejor que lo fue en el entrenamiento anterior.

Tirar con un propósito de mejora progresiva. Si el jugador tira diez tiros desde cinco marcas diferentes debería colocarse una meta, por ejemplo, conseguir el 50%. Si no consigue el 50% desde una marca se penaliza con una carga física de velocidad o desplazamientos defensivos. Una vez alcanzado el porcentaje del 50%, se aumenta la meta al 60%. De esa manera alcanzará la mejora. Cuando se consigue un porcentaje conforme a los objetivos marcados, aumenta el número de lanzamientos a 15 o 20 tiros desde la marca.

Este modelo para la mejora del tiro se aplicará en acciones más dinámicas una vez conseguida la técnica apropiada de tiro, teniendo en cuenta la actividad que demanda el juego real.

Por ejemplo:

- Diferentes tipos de drible y paradas.
- Recepciones en movimiento en todas las direcciones.
- 1x1 con recuperación defensiva tardía.

Los jugadores deberían entrenar este u otro modelo de entrenamiento para mejorar el tiro, registrando los porcentajes de cada participación sobre un período de tiempo determinado.

Correcciones

El balón se desvía a un lado de la canasta.

- Causa Probable: La mano no apunta hacia el aro. Poca influencia de la mano de apoyo en el equilibrio del balón. Intervención del dedo pulgar de la mano de apoyo (seis dedos)
- Solución: Proyección de mano y ojo en línea. Mayor control del balón con la mano izquierda. Anular el dedo pulgar (entrenamiento: sostener una moneda entre pulgar e índice mientras se sujeta el balón))

El balón sobrepasa la canasta.

- Causa Probable: Los hombros o las piernas se mueven interviniendo negativamente en el tiro. Intervención de estímulos extras.
- Solución: Economía en los movimientos. Control de los hombros y caída después del salto en el sitio de partida. Verticalidad en el salto. Retardar la aplicación del modelo "Sweep and sway".

Lanzamiento con arco bajo.

- Causa Probable: El codo inicia el lanzamiento desde un punto de ajuste muy elevado.
- Solución: Elevación vertical del balón pasando por un punto de ajuste bajo coincidente con el salto, todo en un solo tiempo. Extensión coordinada del brazo y de la muñeca de la mano lanzadora

El tiro queda corto.

- Causa Probable: Excesiva elevación del balón o tiro fuera de distancia. El balón no gira.
- Solución: Reducir el ángulo de la extensión del brazo o realizar tiros más cerca de la canasta adaptados al desarrollo físico y a las características particulares.

- Verificar que el balón se libera desde la punta de los dedos y no desde la palma.

Estas son algunas razones comunes de por qué se malogran los tiros. Pero, a veces el problema no es tan simple. Cada jugador es diferente y cada problema debería de tratarse como tal.

Hay factores biomecánicos que impiden el cambio técnico y cuya solución consiste en que el jugador se adapte a sus condicionantes. Por ello, cada jugador debe desarrollar su propio tiro conservando los elementos técnicos fundamentales.

"El automatismo es consecuencia de la práctica".

Biomecánica deportiva

La Biomecánica es una rama de la Física que estudia el aparato locomotor de los organismos biológicos. Su aplicación en el ámbito deportivo nos permite saber por qué un deportista puede saltar hasta dos metros de altura o cómo debe ejercer una fuerza para lograr un arranque de carrera más explosivo.

La Biomecánica ofrece un abanico de aplicaciones muy amplio. Esta disciplina no consiste sólo en aplicar los conceptos de la mecánica, pero tampoco se limita a determinar los principios mecánicos o físicos que sustentan su movimiento. La Biomecánica va más allá de lo que es la simple suma de física y biología.

Es decir, no es una inter-disciplina en el sentido de un cruce de varias ciencias (mecánica, anatomía, fisiología, ingeniería) sino una trans-disciplina en cuanto que es una integración original de éstas en una nueva categoría conceptual y práctica.

La Biomecánica Deportiva estudia las formas perfeccionadas de las acciones motoras del deportista y el conocimiento de la mejor forma de realizarlas. Con la Biomecánica Deportiva se investigan las causas mecánicas y biológicas de los movimientos y las particularidades de las acciones motoras que dependen de ellas.

La tarea general de la biomecánica deportiva consiste en evaluar la efectividad de la aplicación de las fuerzas para el logro del objetivo motor. Adaptando los principios motores el deportista puede conocer de qué depende la efectividad de la acción, en qué condiciones se produce y cómo ejecutar mejor dicha acción.

Durante la ejecución el jugador busca controlar y corregir el movimiento mediante una retroalimentación o feedback interno (sensaciones propias) y externo (reacciones de los compañeros, adversarios, balón, etc.) que le dirá si está logrando el objetivo que pretende con el acto motor que ejecuta.

Si nos centramos en movimientos que tienen un comienzo y un final determinado y no están sujetos a los condicionantes externos, podemos considerar que tanto la Fisiología como la Biomecánica son perspectivas científicas que se encargan de su análisis, desde el punto de vista energético una, y desde el punto de vista técnico o físico otra.

El estudio del movimiento deportivo, a partir de principios mecánicos, determina los desplazamientos realizados, las posiciones correctas del cuerpo y los movimientos necesarios para la mejor ejecución.

Sin embargo, los desplazamientos, las posiciones y los movimientos del cuerpo deben adaptarse a las capacidades físicas del deportista.

En los deportes de equipo continuamente se producen gestos que están sujetos a referencias externas. El análisis biomecánico de este tipo de gestos debe orientarse básicamente a comprender las causas físicas y desarrollar teorías del movimiento que permitan al entrenador establecer las estrategias de aprendizaje y/o condición física adecuadas y conocer las características de la actividad partiendo del análisis físico (cinemático) y fisiológico de las situaciones reales de juego para elaborar el contenido y la estructura del entrenamiento.

La Biomecánica Deportiva plantea una serie de objetivos dependiendo del ámbito o área en el que esté siendo aplicada.

De esta forma entre las áreas de mayor interés para los entrenadores encontramos los siguientes objetivos:

- Principios generales que ayuden a comprender y ejecutar las actividades.
- Principios sobre la forma de evitar lesiones.
- Tareas y ejercicios.
- Métodos de registro sencillos que contribuyan a medir distintas características de la motricidad.

El ciclo de estiramiento-acortamiento (CEA) Cuando un músculo cambia rápidamente de la fase excéntrica a la fase concéntrica, el ciclo de estirado produce una reacción explosiva.

Este proceso libera energía, producto de la contracción de estiramiento, que permite que los atletas en general sean más potentes en sus acciones motrices. Sin darse cuenta o de manera consciente utilizan esta cualidad muscular como una banda elástica después del estiramiento.

La clave está en el tiempo de transición de las cargas y no en la extensión excéntrica del estiramiento.

Por ello, el tiempo de transición de la contracción excéntrica a la concéntrica debe ser lo más corto posible con el fin de utilizar la energía elástica.

El CEA es un mecanismo que se produce en el sistema músculo-esquelético, entre las fases excéntrica y concéntrica.

La contracción excéntrica hace que el músculo tire del tendón distal y se acumule energía elástica.

Esta energía elástica puede aprovecharse en la siguiente fase (concéntrica) siempre que no transcurra un tiempo que disipe tal efecto (ver dibujos)

Por eso, a menudo, se ve a los jugadores de baloncesto avezados dar un paso atrás o levantar el centro de gravedad antes de correr o saltar: activan esa fuerza reactiva. La utilizan constantemente con movimientos como el *"paso negativo"* (paso atrás para arrancar a la carrera en drible), salto con carga sobre los dos pies (para tirar en suspensión) o paso opuesto *("fake step")*

En estos modelos y otros los jugadores aplican una fase excéntrica, que hace que la energía se libere en la contracción concéntrica subsiguiente. De hecho, un *"paso negativo"* (paso hacia atrás para coger impulso) simple y rápido, puede producir 1,3 veces más fuerza explosiva que sin su utilización.

La capacidad reactiva de los músculos es la razón por la que los jugadores utilizan sus recursos físicos de forma no cíclica.

Mecánica de aceleración. En la práctica deportiva tiene que haber una estrecha relación entre la técnica y la estructura biomecánica del movimiento. El peso del cuerpo adelantado (rodillas en línea sobre los dedos de los pies) es vital para la aceleración. Es la clave de la velocidad.

Sin inclinación del cuerpo hacia adelante, con flexión solo de las piernas, pierde efectividad, pero también se vuelve peligrosa en términos de lesión.

Frecuentemente los jugadores jóvenes dan zancadas largas excesivas con ángulos negativos respecto a la línea rodilla-pie.

La longitud de la zancada tiene que ir acompañada de una equilibrada flexión y carga sobre el apoyo. También en los primeros 10 mts. de un sprint está demostrado que los pasos más cortos conducen a una mayor aceleración.

Por lo tanto, los primeros pasos de un jugador de baloncesto deben ser cortos o medios. Levantando poco la rodilla en el primer paso se asegura pasos más rápidos y explosivos, aunque en determinados momentos del juego las zancadas son beneficiosas para adelantar a un defensor.

El tiro a canasta comienza antes de recibir el balón. La flexión de las piernas con el peso distribuido equitativamente permite accionar rápidamente el salto para realizar el tiro después de recibir del balón.

"La generación de la fuerza se inicia primero en la flexión del tronco y continua con la flexión de las piernas"

La coordinación. Es el resultado de la colaboración entre el cerebro, el sistema nervioso y los músculos del cuerpo. Es importante en los movimientos comunes que realizamos diariamente y, especialmente, en los movimientos deportivos que requieren una coordinación especial.

- La capacidad propioceptiva (esquema corporal) hace referencia a la capacidad del cuerpo de detectar el movimiento y la posición de las articulaciones. El entrenamiento de las disociaciones segmentarias es fundamental en el baloncesto.
- No se aprende por imitación. La demostración es solo una herramienta. El jugador no podrá imitar inmediatamente un gesto. La capacidad de visualización mental, de ejecutar un fundamento imitando lo visto, y además ejecutarlo bien, es una capacidad poco frecuente.

Objetivos a desarrollar:

- Los esquemas motores y posturales.
- Las capacidades perceptivas.
- Las capacidades y habilidades motoras.
- La coordinación óculo-manual-pédica.
- Las disociaciones segmentarias.

Coordinaciones segmentarias. Jugar al baloncesto requiere la coordinación óculo-manual-pédica. Un aspecto importante del entrenamiento es el control de los segmentos que intervienen en las diversas acciones técnicas. La velocidad en armar el tiro será consecuencia de la idoneidad de los apoyos. Los ejercicios de disociación del bote del balón con respecto a los apoyos deberían practicarse en las primeras etapas formativas, junto con los descubrimientos a nivel de las articulaciones.

Los ejercicios estarán dirigidos a descubrir y desafiar movimientos cada vez más complejos, teniendo en cuenta la individualidad de cada sujeto, la capacidad de movimientos de cada tipo de articulación y la amplitud de los movimientos que se quieren lograr.

Se ensayarán la máxima cantidad de posibilidades respecto a un movimiento, primero simples, después combinados, para finalmente acceder a cadenas cinéticas de movimientos para ejecutar destrezas motrices que requieren de una mayor complejidad de ejecución.

El esquema motor y la visualización mental.

El esquema corporal es la representación que cada uno se hace de su cuerpo y que le sirve de referencia en el espacio de cara a conseguir una toma de conciencia de todos los grupos musculares, pero en especial de aquellos más directamente implicados en la ejecución motriz, sea esta correr, saltar o lanzar a canasta.

Fig. 36

Fig. 36. El deportista experimentado percibe una imagen detallada del movimiento y lo ejecuta correctamente.

La valoración de la acción está condicionada por:
- La fijación de las partes correctas del movimiento (se memoriza lo que ha salido bien)
- La eliminación de los fallos.

En la fase de iniciación, el deportista por sí mismo solo realizará esta comparación entre el valor previsto y efectivo, visto anteriormente, de forma insuficiente y dependerá mucho de la ayuda del entrenador.

Fig. 37

Fig. 37. Con el deportista falto de experiencia no ocurre lo mismo. Pretende reproducir el gesto según las informaciones recibidas, pero no es capaz de imitarlo.

La formación técnica del deportista va a necesitar del aporte de informaciones que serán suministradas mediante distintos componentes para que la imagen y el movimiento sean correctos.

Para incorporar o corregir una habilidad motora no basta la comunicación verbal, ya que el deportista puede entender el gesto pero no realizarlo; el problema se encuentra en el cerebro (falta de conexión entre la parte responsable de la comunicación verbal, del análisis y el razonamiento lógico y la parte encargada del movimiento y la imaginación) y a las costumbres adquiridas durante tiempo, que hace difícil cambiar el mal hábito grabado en el cerebro.

Una buena representación mental está ligada a la capacidad para imaginar, pero también al nivel del individuo como deportista.

Para aprender un nuevo movimiento, normalmente el jugador tiene que ver cómo lo hace alguien y así tener una idea general de ese movimiento.

Deberá introducir la mente en el movimiento con la mayor concentración y después que el cuerpo siga a la mente. Es importante ensayar repetidamente la secuencia en el cerebro.

Los científicos han descubierto que hay una región en el cerebro que se activa cuando imaginamos un movimiento corporal.

La visualización ayuda sobre todo en los movimientos técnicos nuevos. El jugador puede verlos en su cabeza cuando los visualiza, está creando caminos a través de las células cerebrales, como si realmente se estuviera produciendo el movimiento técnico. Todo ello sin mover un músculo. Esto significa que cuando llegue el momento de hacerlo de verdad le resultará más fácil porque los caminos de su cerebro ya estás establecidos.

La visualización ayuda a establecer nuevos puentes en el cerebro que permiten introducir y perfeccionar los movimientos técnicos. La visualización, pues, ayuda en todos los campos.

Una vez hecho el movimiento de forma adecuada la repetición hará que salga más automático, así que el jugador pensará menos en ello y podrá concentrarse en la lectura de la situación y de las reacciones defensivas.

El entrenamiento mental puede ayudar a los deportistas a lo largo de su aprendizaje y permitirles adquirir una mejora motriz:

- A los principiantes, les permite adquirir la visión global de la acción y llegar a programas motores cada vez más afinados, que serán registrados y codificados en la memoria. Hay que hacer notar que, si la repetición mental aumenta la precisión de un gesto o inserta en la memoria una habilidad gestual, no es menos peligrosa para los principiantes que se arriesgan a aprender mal una técnica y a memorizarla. Necesita la ayuda de un entrenador que corrija el gesto.
- Para ser eficaz, ha de apoyarse en un fuerte conocimiento técnico. Se desaconseja a los entrenadores utilizarlo con los niños menores de once años y con los principiantes que no dominan bien la disciplina deportiva.
- Con jugadores más avezados, estos modelos podrán ser afinados y desarrollados en los entrenamientos prácticos. El deportista podrá entonces anticipar situaciones y comportamientos.
- En la etapa llamada de competición, serán capaces de identificar objetivos y llevar a cabo planes de acción. Podrá entonces visualizar mentalmente acciones relativas a los fines propuestos.
- En niveles de elite la visualización mental de los planes de acción y de los objetivos a conseguir debe ser muy intensa.

Por otra parte, el cuadro de los movimientos de un deportista consumado no suele ser igual con respecto a la época en la cual hizo adquisición de las normas técnicas básicas. Esta variación obedece a lo que llamamos estilo o técnica personal.

El estilo es el aporte personal del deportista puesto al servicio del movimiento. No responde casi a principios físicos o biomecánicos, sino a las propias características, a sus reacciones, su emotividad, forma de sentir, o la característica de su sistema nervioso.

El estilo es una etapa posterior definitiva que llega a detalles de gran sutileza; es el pulimiento final de la elaboración técnica-artística de la acción.

El individualismo estilístico es, por lo tanto, la expresión de varios años de trabajo y la culminación de un prolongado proceso de entrenamiento. Para llegar al desarrollo técnico deportivo adecuado se tiene que tener en cuenta medidas organizadas y dirigidas, con el objetivo esencial de que al *"futuro deportista"* le permita realizar acciones con una adquisición de la técnica perfecta, coordinada y dominada.

- En etapas formativas cuando el jugador entrena el tiro no debería tener como objetivo el resultado de su lanzamiento. Debería tratar de concentrarse en la participación de sus segmentos, en su esquema corporal.

"El esquema corporal es la imagen mental o representación que cada uno tiene de su cuerpo en estado estático o en movimiento, en relación con sus diferentes segmentos y con el espacio"

Deporte de alta competición

Para alcanzar el mejor rendimiento deportivo cada jugador deberá adoptar el mejor modelo de tiro. Estará determinado por los roles de cada jugador en el grupo y su especialización.

- Aplicación de técnicas de rendimiento, rangos de tiro y roles definidos.
- Desarrollar métodos de medida y registro.
- Utilizar material deportivo para la mejora física.

A través del entrenamiento, los jugadores pueden dominar una serie de técnicas deportivas, pero la rentabilidad de cada posesión del balón solo será posible si se incorporan los adecuados recursos motores, por un lado, y de su adaptación al rendimiento colectivo, seleccionando los tiros con respecto al modelo, tiempo y espacio.

El conocimiento del juego. Si el jugador-balón está fuera de la línea de tiros libres podemos ganar espacio hacia la línea de fondo si le hacemos un bloqueo en esa orientación.

Si el jugador-balón está debajo de esa línea, tiene poco espacio para profundizar hacia la línea de fondo por lo que jugamos hacia arriba. Necesitamos conocer el juego para poder desarrollar esas conductas, en este caso colectivas.

Las capacidades. El jugador tiene que tener habilidades individuales para rentabilizar el balón y también colectivas (el baloncesto es un deporte de colaboración-oposición) y tener desarrolladas la percepción espacial, la temporal, de trayectorias y la sensorial. La propiocepción es la capacidad de sentir la posición de los segmentos corporales. A través del Sistema Nervioso Central la propiocepción da instrucciones al músculo, a la cápsula articular y a los ligamentos para resistir y dar respuesta nerviosa rápida y correcta a cualquier tracción, vibración o torsión producto de un movimiento singular.

Las habilidades psicológicas y las actitudes. Los jugadores tienen que desarrollar las actitudes hacia el esfuerzo, la implicación defensiva y la velocidad de acción exigible en este deporte. Para ello tienen que crear la presión en el propio entrenamiento. Para competir y para gestionar las emociones hay que hacer ejercicios competitivos:
- Para mejorar la actitud.
- Para gestionar las emociones y sacar el mejor rendimiento en situaciones límite.
- Para evitar las frustraciones de los errores.

Para encestar un triple en los momentos decisivos de un partido no basta con que el jugador meta muchos tiros en los entrenamientos. Ese jugador tiene una mecánica de tiro excelente, mete 9 de 10 en los entrenos; el problema es que los tiros del final del partido requieren una actitud. En el juego no valen solo la técnica, ni la capacidad táctica. Todo esto va de la mano, pero queremos separar una cosa de la otra y esto es muy difícil.

Nuestro cerebro funciona de manera diferente cuando está procesando información que tiene que ver con una habilidad motora puramente coordinativa (interviene el cerebro, la corteza pre-motora) pero no intervienen otras estructuras del cerebro que sí lo hacen cuando tienen que decidir (la corteza pre-frontal está conectada con el cerebro) Pretendemos crear redes neuronales distintas para una cosa y para la otra. Esto tiene un fundamento neurológico que no aplicamos en el entrenamiento. La solución es crear la presión en el entrenamiento desde las etapas en las que el entrenamiento del tiro se aplica con el gesto técnico correcto.

Si quieres entrenar la capacidad física y la capacidad de fuerza recurres al gimnasio, si quieres aprender inglés recurres a un profesor, para correr 100 mts. recurres a trabajos de potencia; pero si quieres mejorar sus habilidades psicológicas de los jugadores, quieres mejorar sus capacidades para soportar la presión (porque el error produce sensación de frustración y afecta al rendimiento futuro) deberás ejercitarles en situaciones que puedan gestionar esas emociones y mejorar sus habilidades psicológicas.

La memoria del músculo.

La memoria muscular es la capacidad de nuestros músculos para automatizar un movimiento aprendido previamente. El cerebro tiene la habilidad junto con el sistema nervioso de generar hábitos musculares que ayudan al cuerpo a no estar pensando cada movimiento que hacemos. Esta capacidad se llama memoria muscular.

Todos disponemos de esta capacidad y la usamos a diario, sin ser conscientes de ello, en muchas facetas de nuestra vida.

Cuando se fija un movimiento a través del entrenamiento podremos repetirlo de manera automática sin necesidad de tener que pensar de forma previa lo que debemos hacer. Cuando el jugador quiere hacer un movimiento entrenado no piensa, simplemente lo hace.

Esta memoria nos permitirá obtener resultados precisos en un movimiento que se realiza de manera inconsciente, dejando de lado cualquier atadura mental, lo cual resultará de vital importancia sobre todo cuando exista cierta tensión.

La mejor etapa de aprendizaje es la juventud. Todo lo aprendido en esa época no se llega a olvidar nunca. Grabar en nuestra memoria un determinado movimiento nos servirá para realizarlo de manera natural casi durante el resto de nuestra vida, puesto que el movimiento motriz aprendido es muy difícil que se llegue a olvidar.

La cinestesia o kinestesia es la percepción del equilibrio y de la posición de las partes del cuerpo. Se trata de las sensaciones que se transmiten de forma continua desde todos los puntos del cuerpo al centro nervioso de las aferencias sensorias.

Los especialistas distinguen entre dos tipos de sensibilidad: la sensibilidad propiamente visceral (interoceptiva) y la sensibilidad postural (propioceptiva) cuyo asiento periférico está situado en las articulaciones y en los músculos.

La función del sentido propioceptivo es regular el equilibrio y las acciones voluntarias coordinadas necesarias para concretar cualquier desplazamiento del cuerpo. Informa al organismo de la posición de los músculos. Es el sentido que indica si el cuerpo se está moviendo, así como también de la posición relativa de diversas partes del cuerpo con respecto a otras.

La cinestesia es un componente clave de la memoria muscular y de la coordinación óculo-manual, y se puede mejorar por medio del entrenamiento.

La habilidad para hacer un gesto con el balón requiere de un desarrollado sentido de la posición de las articulaciones. Este sentido se hace automático por medio del entrenamiento, permitiendo que el individuo pueda concentrarse en otros aspectos del juego.

*"**Los propioceptores intervienen en el desarrollo del esquema corporal y planifican la acción motora**".*

Cómo aprenden nuestros músculos. Cuando el individuo aprende una acción motriz y lo transmite a los músculos, empieza el desarrollo de la memoria muscular. En este proceso se asimila y se recuerda lo que el cerebro comunica para crear nuevos hábitos musculares.

La base de la memoria muscular se encuentra sin lugar a dudas en la repetición. Por supuesto tienen que existir unas lecciones previas que de alguna forma nos marquen los pasos a seguir, pero tras ellas y si queremos que nuestros músculos puedan llegar a realizar un movimiento de manera automática, precisaremos repetirlo casi hasta la saciedad.

El jugador necesita del conocimiento que pueda aportarle el entrenador. Una vez aprendido, deberá realizar ejercicios de repetición para que ese movimiento quede grabado en nuestros músculos.

Sin duda la fase de aprendizaje es sumamente importante, puesto que, si existe algún error en ella y lo repetimos de manera constante, éste error quedará marcado en nuestra memoria muscular y después resultará sumamente complicado borrarlo y en muchos casos casi imposible.

En este sentido es muy importante tratar de ir aprendiendo el movimiento por partes, hasta llegar a ese movimiento fluido y casi espontáneo en el que no deberemos volver a pensar: bastará con realizarlo.

La importancia de la memoria muscular. Hacer determinadas acciones sin pensar, en eso podríamos resumir lo que supone disponer de una correcta memoria muscular para la práctica eficiente de nuestro deporte.

Cada vez que un jugador recibe el balón, inmediatamente debe sujetarlo con las presas en disposición de tiro. Con este agarre, se puede tirar, botar o pasar. Este agarre también tiene que ser instintivo.

Es importante que el movimiento del tiro a canasta sea siempre fluido y lo más natural posible.

Si nuestros músculos tienen bien aprendidos los movimientos, en este caso el tiro, simplemente tiraremos a canasta sin ningún tipo de tensión mental.

Cualquier acción mecánica debe servirse de la memoria muscular.

El jugador mejora sus prestaciones técnicas proyectando la visualización mental, pensando y observando su propia ejecución. Cuando está jugando, no debe pensar en el mecanismo, se lleva a efecto lo adquirido mediante la repetición y la práctica.

La memoria muscular está conectada con la memoria de los actos motores, del saber hacer alguna cosa. Es la memoria de hábitos. Rescata las informaciones del comportamiento motor para dar cuenta, de la mejor manera posible, de una necesidad impuesta para realizar una habilidad en el tiempo presente.

Está relacionada con el *"entrenamiento clásico"*, es decir, aquellos ejercicios estereotipados que se aprenden al hacer muchas repeticiones.

Es una memoria activa por determinados estímulos que actúan de forma mecánica. Las personas utilizan la memoria muscular en prácticamente todos los momentos de su vida, tanto de forma consciente como inconsciente.

Todo depende de la atención necesaria para realizar una determinada acción.

La memoria muscular se almacena en la memoria de procedimientos. Se necesita sólo de práctica para consolidarlos. Los jugadores necesitan saber a través del entrenamiento las veces en que algo salió errado, y cómo alcanzaron un resultado satisfactorio a fin de modificar el comportamiento erróneo. Es deseable que los jugadores mantengan su disposición y la secuencia sobre los procesos que ayudan a entrenar con más eficiencia.

Los pasos son obvios: primero, tiene que saber cómo se hace el movimiento. Luego se repite una y otra vez, controlando el esquema corporal. El movimiento solo es válido si se hace bien. Un movimiento se vuelve parte de la memoria muscular cuando se hacen 5.000 repeticiones aprox. Cuando el movimiento forma parte de la memoria muscular, el gesto está mecanizado.

"El buen tirador se hace mediante la técnica y la repetición".